家长与“危险期”的少男少女

刘荣才 邱贵珍 编著

广西科学技术出版社

图书在版编目（CIP）数据

家长与“危险期”的少男少女/刘荣才，邱贵珍编著. —南宁：广西科学技术出版社，2012.8（2020.6 重印）
（现代家庭教育丛书）
ISBN 978-7-80565-420-1

Ⅰ. ①家… Ⅱ. ①刘…②邱… Ⅲ. ①青少年教育—家庭教育 Ⅳ. ①G78

中国版本图书馆 CIP 数据核字（2012）第 192535 号

现代家庭教育丛书
家长与“危险期”的少男少女
JIAZHANG YU WEIXIANQI DE SHAONAN SHAONV
刘荣才　邱贵珍　编著

责任编辑　何杏华　　**封面设计**　叁壹明道
责任校对　黄傅威　　**责任印制**　韦文印

出 版 人　卢培钊
出版发行　广西科学技术出版社
（南宁市东葛路 66 号　邮政编码 530023）
印　　刷　永清县晔盛亚胶印有限公司
（永清县工业区大良村西部　邮政编码 065600）
开　　本　700mm × 950mm　1/16
印　　张　10
字　　数　128 千字
版次印次　2020 年 6 月第 2 版第 6 次
书　　号　ISBN 978-7-80565-420-1
定　　价　19.80 元

前　言

徐惟诚

对于人生旅途中这个神秘而又迷人的青春期，有人称之为可怕的“危险期”“反抗期”；有人颂之为自立期、自主期、准成人期。究竟该如何给青春期命名为好，目前还未能统一。不过，古今中外的许多名家、诗人怀着极其真挚的激情，选用最优美、圣洁的语言加以讴歌，或者是以世界上最富有生机和活力的事物进行比喻和赞美。毛泽东同志曾经把他们比喻为“早晨八九点钟的太阳”，寄予了无限的希望。有位诗人在赞颂青春期时也曾写道：

青春，应该是什么？

应该是：

一头醒智的狮，

一团智慧的火！

这位诗人的两句言简意赅的比喻，恰到好处地以最形象最生动的语言道出了青春期少男少女的本质特性。这些诗人、名家对青春的赞颂和讴歌，并不是像有些人所说的是“失去青春的人对时光的喟叹”，或是“志未酬鬓先衰的感慨”，或是“对时光荒废的愧悔”①，而是他们能站

① 皮艺军：《青春期危机》，春秋出版社，1989年版。

在人类社会发展的高度，用科学的眼光洞察到了少男少女发展的本质与主流。他们对少男少女的看法也不是像有些人所认为的那样，“在青少年身上真的普遍存在一般的越轨倾向”的“青春期危机论”而要“全社会（包括成人和青春期孩子）都要树立一种危机意识”。[①] 相反地，他们都从一个崭新的视角出发，认为少男少女正处在从幼稚到成熟、从依附到独立、从顺从到自主的积极发展的过渡阶段。这是个体完成社会化过程中的一个关键时期，是成为一个社会人的质的飞跃阶段，是人类进化过程中的一种进步表现。全社会都应该为此而感到高兴和欣慰，而不是忧愁、苦恼和可怕。这是与“危险论”绝然不同的青春观！

如果我们能站在社会进化的立场，从一个全新的角度正确地认识青春少年这头“狮”、这团“火”的本质特性，看到它进步的主流和活力，掌握它们发展变化的规律，我们便可以把它们引向社会主义建设的轨道，充分发挥它们的巨大能量，为祖国的建设事业做出卓越贡献，创造出奇迹。如果我们仍然站在传统的守旧的对立面，过分地渲染少男少女的弱点和不足而使其产生恐惧、对立情绪，甚至采用种种落后于时代的传统的社会控制手段去束缚、限制、压抑它们，不仅会给全社会的人一种消极暗示，产生一种不良的教育心理定势，而且有可能使它们被迫走向成人社会的反面，失去理智的控制而怒吼和燃烧，给社会带来灾难性的后果。古今中外的历史经验教训已经对此类做法之成败作出了公正的判决。

可见，要把我们的少男少女培养成真正的无产阶级革命事业接班人，要扭转当前青少年犯罪率上升的趋势，不能就事论事地看待青春期的矛盾，而应该用心理科学的理论策略为指导。这就要首先在全社会对少男少女特征来一番再认识、再命名。只有改变对“青春期危机”的标定，才有可能从根本上改变过去的一整套失之偏颇的社会控制和教育方

① 皮艺军：《青春期危机》，春秋出版社，1989 年版。

法，使少男少女继续朝着成熟的方向发展。

对于少男少女的教育引导，不是一件轻而易举的事，也绝不是家长个人的小事和私事，而是关系到国家的前途命运的大事和公事。只有全社会都真正树立起教育孩子是大事和公事这种观念，并掌握科学的教育方法，才有可能把少男少女引向正确的方向。

我们基于上述这些认识，才提出对“青春期危险论”的不同看法，目的仍是为了解决当今家庭和学校教育中的一大难题——青春期教育和社会三大危机之一——青少年犯罪这一课题进行一些新的探索和尝试。

目　录

第一章　为少男少女“危险期”正名

所谓少男少女一般指12～18岁的孩子。说这个时期是“危险期”，是因为在这个年龄阶段的孩子比以往任何时期都难以管教，与成人之间的对立情绪比以往任何时候都突出，给社会所带来的危害比以往任何时期都严重。这些现象使成人们感到焦虑和恐惧。故称之为“危险期”。但是，为什么会出现这种现象、如何才能防止和解决这些问题、称之为“危险期”是否科学等，人们长期以来却没有更多地去思索和研究。我们觉得，现在是对这些问题进行重新审视和研究的时候了。这些问题的正确解决，不仅可以帮助广大家长排忧解难，提高家庭教育水平，而且更重要的是可以促进人们思维模式的变革、社会调控机制的改善、青少年的健康成长和全民族人口素质的提高。所以，在谈论家长如何教育少男少女之前，家长们首先要从观念上端正对少男少女的看法。这是处理好家长与少男少女的关系的前提条件和基本点。

一、不应该把“危机期”“危险期”“反抗期”作为青春期的代名词

对于人类青春期的本质的认识与对青春期的命名和教育是两个不同的概念和事物。前者是对个体在发展过程中的客观规律的一种反映。后者则是人们对这种规律现象所抱的主观态度。前者既可以成为后者的基础，也可以引导出完全不同的态度。但是，许多人却只看到它们之间的联系，而忽视了它们之间的区别。因而，在这种片面认识的思想指导下所采取的种种教育，自然不尽如人意，甚至事与愿违，自觉不自觉地使一些不应该越轨的青少年误入歧途。这不是孩子的过错，而是我们教育

的失误。这是当今对青少年研究应该反思的问题，也是发展与教育心理学必须正视和重新认识的新课题。

为了便于把这个问题展开并让广大家长们能理解和接受这种认识，我们先不从理论上作分析，而是先从日常生活中大家所见到的现象分析开始。

1. 性别同一性障碍的原因不在于自然本性，而在于错误的性别角色期待和性别教育。

把青少年越轨行为主要归因于个体生理成熟是危机论者的基本思想。我们将与个体生理直接相关的性别同一性障碍的越轨行为作些分析便不难看出，把青春期认定为危机期是不妥当的。

一个人在生物学上的“性”与心理学上的“性别”和社会学上的“性别角色”并不总是一致的。一个人把自己看成男人还是女人，叫做性别同一性，或叫性别自认、性别认同。正常情况下认为自己是男人或女人和其生物学上的性是一致的。但是有些人却并不一致，最典型最严重的不一致者算是“异性癖”。具有异性癖这种心理障碍的人，在遗传学上（染色体检验）、性腺和性器官及其他性征上完全正常的男性或女性，却强烈地偏执而顽固地自认为自己是女性或男性，而且完全要按照自己所认同的性别的生活方式和行为规范行事，甚至直到一定要做性别改换手术（男性切除阴茎、阴囊并做人工阴道，女性做人造阴茎）才行，否则宁愿自杀。现在，世界上已经进行了这种手术的人有数以万计。① 在我国也不是没有先例，有个老干部生了几个儿子后，全家都希望有个姑娘，可是连续生了五胎都是儿子，他们全家便决定把最小的儿子当姑娘养，取了个姑娘的名字，穿着打扮一切按姑娘的生活方式和行为规范去塑造。儿子也自然地顺着父母的女性角色的期待，扮演着与本性相反的角色，模仿着女孩子的生活和行为方式。儿子幼小的心

① 阮芳赋：《性教育漫谈》，北京教育出版社，1986年版第13页。

灵便深深地烙下了“我是姑娘”的心理，而且极喜欢并乐意自己所处的姑娘的地位和角色。随着岁月的流逝，儿子成了18岁的小伙子时，尽管在遗传和生理上都具有了男性的器官和性征，但他却十分讨厌男性的这些东西，而坚决要求把自己变成一个女性，否则就不想活了。他虽然经过父母多次反复的劝说，但都无济于事。父母只得悔恨地依着儿子的这种改性愿望让他进行了阴茎切除手术并做了人工阴道。在社会上更为普遍存在并称之为性犯罪的性别同一性障碍便是同性恋者。这在我国也同样存在。为什么在遗传上、生理上都是男性或女性的人，却非要把自己认定为是女性或男性呢？如果从生理成熟的角度看，这是完全不可能也不应该出现的现象。可是，它却是千真万确的事实。为什么会形成这样的性别认同的障碍呢？经研究认为，根本原因就在于父母对其子女出生后所产生的错误的性别角色期望和实施的错误的性别角色社会化的教育。我们从这一社会心理现象中可以悟出一条道理：我们不能从青春期出现的种种矛盾现象中简单地推论并认定为青春期普遍存在着一定越轨倾向。随便地把这种“命中注定”的“越轨”和“危机”的帽子戴在青春期孩子头上，这是极不科学而又有害的看法。

2. 所谓“第一反抗期”也有许多“冒险行为”，能不能也称之为“第一危险期”呢？

社会上把2～4岁孩子独立性迅速发展的现象叫作第一反抗期。是因为从这时起，孩子开始不完全按大人的意旨行动，而是要按自己的意愿去办事。大人所不允许做的事，他偏偏要去做，例如大人要孩子不玩火，他偏偏要偷偷去玩火；大人说某件玩具不能拆开，他却偏要拆开，看看里面有什么奥秘；甚至明知完成不了的事，他非要单独去干不可……但是，人们对这些现象习以为常，并不觉得恐惧、可怕。按照生理成熟论的观点，这是完完全全的“冒险期”“危险期”。可是，为什么又不冠之以“第一危险期”的称号呢？大概是因为这个时期的孩子的越轨行为对社会所带来的破坏性、危害性还不及青春期大。但是，从

“越轨”的角度看，他们在本质上是无区别的。我们从“第一反抗期”的分析中也可以看出，把孩子从依附走向独立的过程中所产生的一些与成人要求不相符的行为看做是一种自然的、积极的、进步的现象，而不应该看做是一种可怕的、危险的行为。

3.“危机期理论”与“早期教育理论”相悖。

危机期理论仅以青春期的矛盾现象为论据，而完全忽视了这一现象所处的“早期经验”这一重要的背景因素。常言说“3 岁看大，7 岁看老”是对一个人成长过程中各个阶段的重要性的经验总结。它虽有绝对化之嫌，但确实反映了成年人对下一代教育经验的概括。现代心理科学的实验研究也证明，儿童早期经验对于他日后的生活、学习、工作乃至事业上的成就都有直接的影响。美国著名心理学家特孟几十年的追踪研究成果说明，幼小时形成的良好的人格特质是他成人后事业成功的重要条件。如果以危机论为指导，那么，青春期之前的教育训练是无效的、多余的。这种说法显然是不对的。因为它们只强调一个时期的作用，而忽视了另一个时期特别是儿童早期教育的重大意义，忘却了人的成长是一个动态的、连续的发展过程。

4. “危机期论”是建立在青少年犯罪行为研究的基础上的，而没有从绝大部分青少年顺利地解决青春期矛盾而进入成人社会的了解为基点。

正如罗大华同志所说的，他是根据自己十几年的司法实践和犯罪研究工作中，亲自接触许多违法犯罪青少年时所得到的感受体会去论证“危机期论”这一理论。① 我们暂且不说一个人的感受之科学性如何，就青少年犯罪行为的原因分析来看，青少年犯罪与青少年生理、心理特点固然有联系，但它不是社会犯罪现象发生的原因，只是犯罪青少年出现各种犯罪行为的自身条件和基础。犯罪原因是指引起人们犯罪行为的事物和因素，比如，一些错误思想观点、反社会心理以及异常个性特征等，常常是青少年犯罪的直接因素，从而构成青少年犯罪的原因。② 现代心理科学已证明，人们的这些个性特征和错误的思想观点并不是先天固有的，而是在出生后的不良环境影响与教育的结果。所谓青春期危机，与其说只是单纯地受身体成熟的直接影响，倒不如说是在文化状况中造成的因素更大一些。③ 所以，“从犯罪现象来考察，产生犯罪的根本原因在于社会内部，生理和心理的因素起不了多少作用”。④ 奥地利犯罪心理学家杜之奥说：“人的社会性缺陷，是人产生犯罪的心理根源。这种人的社会缺陷的造成不是由于他个人的缺点，而是不同的环境与不同的遭遇的产物。”⑤ 从上述分析可以看出，如果我们能从绝大多数青少

---

① 皮艺军：《青春期危机》的序，春秋出版社，1989年版。

② 曹漫之主编：《中国青少年犯罪学》，群众出版社，1988年版，第144页。

③ 〔日〕诧摩武俊著，安香宏编：《初中学生心理学》，吉林人民出版社，1984年版，第65页。

④ 曹漫之主编：《中国青少年犯罪学》，群众出版社，1988年版，第144页。

⑤ 中国政法大学犯罪心理学教研室编：《犯罪心理研究》，贵州人民出版社，1985年版，第96页。

年，特别是那些“品学兼优的少年大学生的成长过程”①为参照系来进行分析，便不会得出危机论的结论。在日常生活中我们也经常可以看出，对同一个事物站在不同的角度就可以得出完全不同的结论。

5. 青春期既然有两种发展的前途和方向，就不应该命名为“危机期”“危险期”“反抗期”。

危机论的作者自己也承认，青春期包含着向相反方向发展的两种可能性、危机具有相对性、潜伏性，危机的危害后果的性质是由社会标定的。② 既然如此，从教育科学和心理科学的角度看，从人才培养过程的客观规律看，就不应该片面而轻率地把青春期定名为“危机期”、“危险期”或“反抗期”。

综上所述，尽管当前国内外的不少学者都把青春期称之为危机期，甚至提出种种“危机的例证”来证明危机论的正确性。③ 但是，如果我们调换一个社会视角，把解决青春期问题作为参照系和出发点，就可以发现这些论证不仅是不科学的，而且是极为有害的。所以，我们不能再沿袭传统的青春观念，把“危机期”、“危险期”或“反抗期”作为青春期的代名词来看待，以此来指导青春期教育工作。

① 朱源等编：《少年大学生的足迹》，中国科学技术大学出版社，1988 年版。

② 皮艺军：《青春期危机》，春秋出版社，1989 年版，第 23～25 页。

③ 皮艺军：《青春期危机》，春秋出版社，1989 年版，第 11～21 页。

二、从“反抗期”、“危险期”的由来看它的不合理性

人们要改变把青春期称之为“危险期”、“反抗期”的看法，并为青春期正名，首先还得从“危险期”、“反抗期”的由来之考察入手。

把青春期称之为“危险期”并不是像某些人所颂扬的那样，是我国某人“敢于冲破这种传统观念的束缚，率先旗帜鲜明地提出的”，而是国外一些学者早已提出的见解。这些见解的提法虽然各不相同，但是他们的共同点都是建立在达尔文进化论思想基础上的，认为个体的发生发展是重演着人种的文化发展，人的一切发展都是生理因素决定的，是一个单纯的生物成熟的过程。最有代表性的就是美国著名心理学家霍尔的“复演说”。在他的理论中，把青年期（12 岁～25 岁）认定为是一个“急风暴雨”时期，它重演着人类历史处于骚乱、过渡的阶段。[①] 这个时期的孩子在生理与心理上正处于不平衡状态之中，欲求得到改善和发展与客观现实所给予的可能条件之间产生种种矛盾，因而便表现为“苦闷、焦虑、孤独、反抗以及多种欲望纷呈、交织互动，引起了空前未有的心理动荡”。使一些成人和父母感到惊慌失措，不知如何是好。因此，反抗期几乎首先就成为家长们称呼青春期的代名词了。可见，反抗期实际上就是指孩子们在这种依赖与自立的纠纷及对立这段期间的名称。但是，反抗期问题不是只属于孩子的问题，而是属于连父母也包括在内的问题。这一点，不知当父母的人认识了多少[②]，事实上，何止父母们不认识，许多理论研究者也并未认识此问题的所属，而片面地归咎于青春期孩子的过错。青春期危机论者就是最典型的例证。

前面，我们是从一般的宏观上去认识“危险期”、“反抗期”的发生。现在，我们进一步从微观的角度来了解一下青春期的反抗是怎样产生的。

---

① 黄志坚主编：《青年学》，中国青年出版社，1988 年版，第 3 页。

② 〔日〕品川孝子著：《反抗期心理学》，台湾王家出版社，1983 年版，第 13～14 页。

正如日本心理学家品川孝子所说的那样，“当我们观察反抗的实际场面时，不难发现他们均以芝麻小事而与双亲对立，并且对那芝麻小事也执拗地追究下去，不肯罢休而陷入自己也无法挽救的火爆气氛中。”[①] 因为在他们的眼里，认为有极为重要的事物受到了侵害。例如，孩子极想离开双亲，而双亲却没有让他离开的心理准备，始终喜欢孩子留在身边，给予幼稚的待遇；孩子的自主性被忽视，双亲不听他们的主张，总是把他们置于受支配的地位；孩子的个性发展受到阻碍，双亲只顾文化学习、成绩与升学考试，而对孩子富于个性的兴趣爱好等各种活动都加以限制或禁止；往往强迫孩子盲目接受双亲所认定的常识和价值观念，不允许孩子有不同的见解和看法，不允许孩子与异性交往和建立朋友关系。孩子由于受到父母的种种约束，便认为自己的自由受到了限制而对双亲不满。因此，我们可以认为，“反抗”、“危机”并不完全是青春期孩子自身的过错。我们在前面所列举的孩子的某些不满和反抗行为都与父母的教育观念、教养态度和教养方法有直接的关系。他们之中的“反抗行为”的各种表现，与每个家庭的父母自身的教育素质、孩子本身的心理基础及其对待问题的方式之不同有很大的差异，并不能一

① 〔日〕品川孝子著：《反抗期心理学》，台湾王家出版社，1983年版，第15页。

概而论地肯定青春期就是“危机期”、“反抗期”。真正危险并走向犯罪道路的毕竟是极少数。否则，绝大部分的青少年都是好的和比较好的这一事实就无法得到解释了。

我们从下面的一段对话中可以更清楚地认识反抗期是怎样产生的，责任应归属谁。

母：华华（初二女生），刚才你是怎么关门的？不要那么大的声音，要轻轻地关。

（女儿自言自语：啊，糟糕了。知道了，我自己刚才也知道。但是没有答应母亲。）

母：你没有听到?!

（女儿自语：真啰嗦！不必说我也知道呀。仍未答应母亲。）

母：按刚才说的方法，把门重关一次吧！

女：（觉得不可忍受）啰嗦，安静一点嘛！

母：什么啰嗦！你对谁讲这种话？（母亲向女儿渐渐走过来）。

（女儿想：我也是有人格的人，有时也会不愿道歉的。我又不是幼儿园的孩子，母亲对我的每一种举动都要发牢骚。重关一次门也无所谓，但要重关，总得把门打开，因此女儿便说——）

女：如果妈把门打开，弄成原来的样子，我就把门轻轻地关上。

（母亲的面部顿时表现出一副无法忍住的愤怒而可怕的表情把门打开了。女儿便无可奈何地、极缓慢而一声不响地把门重新关上。母亲的脚步声随即远去。但是，过了1～2分钟之后，女儿突然发现一件事实，那就是刚刚母亲在开门时，没有拉门把手。母亲经常不厌其烦地对女儿说开门时要抓住把手开，而现在她却没有这样做。于是，女儿便大声喊。）

女：妈！（母亲向女儿再度接近）

母：对妈，这是什么态度？

女：可是，妈也没有抓把手开门呀！

母：别强词夺理了。

女：不是强词夺理，是事实嘛！

母：快给妈道歉！

女：不！

（母女终于大吵起来。母亲对女儿束手无策，便打电话到公司向父亲告状。女儿被父亲叫去接电话。）

父：（大声叱责）华华要听妈妈的话！

女：可是，我没有做错事嘛！

父：反正，先道歉吧！

女：可是……

我们从上面的对话中可以看出，青春期孩子的反抗行为或“危险行为”并不都是孩子的过错和固有的特点。在许多情况下是由于父母的教育不当所诱发的。就是说，把孩子的某些行为标定为“反抗”、“危险”的性质，是在缺乏民主和平等的家庭环境中并以“子女必须绝对服从父母”的这种传统的教育观念来标定的。因为“听话”是我国的传统教育模式。一个人一生中听到最多的就是关于“听话”的训导。在出生后的家庭里要听父母的话，上幼儿园要听阿姨的话，上学后要听老师的话，参加工作后要听领导的话。要是与父母、阿姨、老师、领导有不同意见和看法，就被斥之为“不听话”、“反抗”、“危险”。正如皮艺军同志所说的：“所谓‘听话’就是无条件接受成人的行为准则。成人总是认为，在孩子面前自己的意志是无可辩驳的，并力图使这种观念和自己的权威为孩子所接受。当孩子感到这些准则不符合自己的意愿时，成人常常采取的方法是哄诱和恫吓。忽视孩子的个性特征、年龄特征，在学习对象、方式、兴趣爱好和行为方式上一味使孩子与成人认同。”① 应该承认，成人的经验和要求往往会带上他生活经历的时代烙印，与不断前进

① 皮艺军：《青春期危机》，春秋出版社，1989年版，第11页。

的社会潮流不一定完全合拍，其认识和价值观念也不一定都正确。在这种情况下，青春期孩子的“反抗”倒不一定都是一种“危机”、“危险”的表现，而可能是一种进步的表现。所以，我们既要从整个社会文明的发展来要求、约束青春期孩子的行为，又要看到我国传统文化特别是传统的封建家长制文化对青春期孩子发展的束缚。不能简单地从维护封建家长式文化的立场出发继续沿用“反抗期”、“危险期”来标定少男少女。许多事实也证明，如果我们改变一个文化观念和行为性质的参照系，对孩子的同一表现会给予完全不同性质的标定。例如，在国外或一些文明程度较高的家庭中，在具有民主平等的家庭心理气氛下，对于孩子的不同意见会认为“孩子已经有了与父母不同而属于他自己的意见了”。身为父母者却暗自高兴孩子已能自立。因为他们把养育孩子的第一目标明确地集中在“让孩子独立”上，把孩子的“反抗”强烈地认定为是独立的一种要素，而不是像家长制的传统观念较严重的父母那样产生一种“受害者的意识”而感到危险、可怕。

从前面两个方面的问题分析中可以清楚地看出，我们并不否认，相反地极为重视青春期存在种种严重的矛盾心态。我们和“危机论”者的主要分歧是：①我们不是把矛盾现象的产生，完全归咎于青春期孩子自身的问题，而是把它作为家长与青春期孩子在互动过程中出现的矛盾现象；②我们不是把这种矛盾性质标定为危机期并以消极的暗示去加深矛盾，而是把它看作是人类社会进化过程中“社会遗传与变异”的一种客观规律，是一种积极的进步的表现。

三、“危险期”、“反抗期”的正与负效应

我们对青春期出现的种种矛盾现象的命名所带来的社会效应如何，不是以自己的主观标准去衡量，而应该以人们的社会实践和科学研究的成果去检验。

危机论者认为，“以青春期危机来取代类似‘心理矛盾’这样含糊

不清的提法，其用意就在于更加鲜明地提出问题，提倡在全社会范围内，包括教育部门、家庭、学校、司法部门及社会职能部门、青少年自身都树立起危机意识。充分调动人的能动性和环境的积极影响，让尽可能多的青少年健康地度过这一动荡而又宝贵的人生阶段。因为树立危机意识是为社会发展注入活力，是人类克服发展中的异化现象的一个超前性判断，是人类理智的突出表现，危机感应当是现代人应具备的最基本的心理倾向。”① 真的能有这种“理想”的效果吗？不见得。

我们在这里提出两个问题：①对于青春期这种矛盾心理现象是不是一定要命名为“危机期”、“危险期”、“反抗期”，才能引起人们的注意和警觉？②把青春期命名为“危机期”、“危险期”、“反抗期”是不是一定会按命名者自己的主观愿望达到良好的社会效应？

关于第一个问题，我们并不准备多谈，因为不论是心理科学还是教育科学，在近百年来都十分重视青春期教育问题的研究。只要我们翻一翻这一类书籍就可以清楚地了解到人们对这个问题的重视程度。问题在于他们往往因袭传统的青春观和研究方法论，较重视研究这一矛盾的现象和本质，对于如何解决好这些矛盾却重视不够，所以成效甚微。

我们准备着重谈谈第二个问题，即把青春期命名为“危机期”、“危险期”、“反抗期”的效应之正负值问题。为了科学地分析和认识这个问题，我们有必要对心理学中的暗示理论作些介绍。

暗示是人类生活和行为活动中极为常见而又非常微妙的一种固有的特殊的心理现象。在日常生活中，人们可以通过一句话语、一段文字、一个手势、一种表情、一个信号等形式作为某种心理情感的物质载体传递给对方，使其在心理与行为方面产生不同程度的和不同性质的变化。根据暗示的信息来源，可以分为他暗示和自我暗示。他暗示是指个体受到别人的某种信息的暗示而改变自己的行为。例如，领导

① 皮艺军：《青春期危机》，春秋出版社，1989年版，第27～29页。

的报告、教师的讲课、家长的教诲、朋友之间的交谈、心理治疗或各种大众媒体都可以说是他暗示。自我暗示是指自我意识中存在的种种意念对生理和行为所引起的调节作用。例如，一个人本来没有病，突然发现前天晚上喝过的水有“红虫”后，就认定“红虫”在自己肚子里，而且一定会得病。不久就上吐下泻，无法进食。这就是自我暗示带来的不良后果。从暗示所产生的效果性质可以分为积极暗示和消极暗示。积极暗示能起到激发个体的行为动机，提高活动效率的作用。例如，竞赛前教导员对运动员的一席鼓励言语可以使运动员处于最佳的竞技状态而取得好成绩。消极暗示则会起到减弱或消除个体行为动机，降低活动效率的作用。例如，癌症患者之所以死得特别快，在很大程度上是受到消极暗示的作用：“癌症是绝症，无可救药。”从而使患者产生了绝望心理，而加速了死亡进程。暗示在社会

生活的各个领域都得到了广泛应用。

在教育研究中最有代表性和影响最大的暗示实验就算是“罗森塔尔效应”（又称皮格马利翁效应）。古希腊神话传说中谈到塞浦鲁斯国王名叫皮格马利翁，他年少英俊，才华出众，非常喜欢雕塑。有一回，他雕了一个玉石少女，姿色形态十分漂亮，众观者无不为她的美貌所倾倒。皮格马利翁更是钟情于此少女，希望自己能与这位少女一样的女性结为夫妻。由于国王的虔心，这位玉雕少女果然变为一个真的善良的美丽的少女与国王结为伉俪。心理学家罗森塔尔便借用这个神话的思想，组织了一项教育实验研究。他在某小学各年级儿童中进行“预测未来发展的测验”。然后就给老师提供信息，某某是很有发展前途的学生。其实，这些“很有发展前途的学生”都是随机取样所得，并非预测未来发展的测验所得的结果。但是，由于心理学家罗森塔尔的权威影响和教师们对罗森塔尔的崇拜，教师们完全相信罗森塔尔所提供的这些信息，并在自己的头脑中形成了某某是很有发展前途的学生的深刻印象。如果从暗示心理学角度来说，教师们已经接受了罗森塔尔的言语暗示，并形成了一种心理定势，期望某某有较大的发展。因此，教师们便完全转变了自己对这些学生的态度，表现得极为热情关心、和蔼、耐心地帮助他们。这些学生受到了教师的宠爱，增强了自信心，形成了教师与学生之间的一个良性反馈圈。在这种积极的互动过程中，双方都逐步向更好的方向发展。事情经过 8 个月之后，罗森塔尔再次来到这些班级的学生中进行“测验”时，这些随机取样的平庸学生都有了很大的进步。这个实验的结果说明，教师对学生的期待有积极的作用。如果我们从暗示心理学的角度看，罗森塔尔的言语暗示对教师的工作起到了积极有效的促进作用。因为此实验是心理学家罗森塔尔吸取皮格马利翁的神话故事的思想而组织的。所以后人称这种实验结果为“罗森塔尔效应”或“皮格马利翁效应”。

为了进一步理解把青春期标定为“危机期”、“危险期”、“反抗期”

的社会负效应，我们再介绍一位心理学家曾经做过一个用带有不同的社会性质标定的社会身份和名称所产生的不同效应的实验。他把某班大学生分为四个组，请一位社会学工作者分别向四个组的大学生作关于“捷克斯洛伐克社会经济发展状况”的报告，报告者在向各组大学生作报告时，每一次都穿一样的衣服，用同样的讲稿，相同的态度。但是在给第一组作报告时他是以“大学教授”的身份出现；在给第二组作报告时，他以“中学教师”的身份出现；在给第三组作报告时，他以参加过捷克举办的国际赛“运动员”的身份出现；在给第四组作报告时，他则以“卫生保健工作者”的身份出现。最后要四个组的学生都写出对报告的评价。结果发现，四个组的评价有明显的差异。学生由于过去在教师的语言暗示下已经形成了一种“不是专家学者教授就讲不清社会经济问题”的权威观念，因此，第三、第四组学生一致反映，报告者语言贫乏，

内容枯燥无味，教态不稳定，甚至有人埋怨“白浪费时间”。第二组学生反映一般，有的学生还很有同情心地说，毕竟是中学教师，能讲得出来就不错了，别去苛求一个中学教师能讲多高、多深的国外知识。而第一组的学生普遍都给予好评，认为报告者学识渊博，对问题及特点研究得很细致，而且语言生动活泼、教态落落大方，感到颇有收获。同一个人以四种不同的身份在四个组所产生完全不同的社会心理效应，完全是由带有社会评价的社会身份这种暗示所造成的结果。从中可以得到启迪的是，把青春期标定为“危机期”、“危险期”、“反抗期”所产生的社会心理效应，肯定不是正的，而是负的。

为什么人类的言语暗示能够产生这么大的效应呢？一方面是人都具有可暗示性这种品质，它是可塑性的一种表现，否则人就不能成其为人了。另一方面，人的言语本身包含有极为丰富的信息。它有一种奇特的导向功能。如果言语暗示者有很高的权威性，这种导向功能就越强，产生的效果越好。被暗示者对暗示者越是崇拜和信任，越能相信暗示者的言语导向并取得良好效果。罗森塔尔效应之所以甚佳，是因为教师们完全相信罗森塔尔的“预测未来的测验”结果的可靠性。即使在一般情况下，被暗示者也可能按照暗示者的语言导向发展。例如，孩子一般都是好动、好玩、好奇。由于动作发展水平不高，动作不协调，有可能在做事的过程中会出现失误，弄坏一些物品，这本来是可以理解的事情。但是，身为父母者却认为这是不应该出现的失误，是孩子粗心大意造成的。因此，对孩子的这些行为便训斥为做事总是粗心大意。父母的这一言语暗示却在孩子的心理上深深地烙下了印记，孩子本来还没有形成粗心大意的性格特点，结果在父母的言语暗示下，孩子便自觉不自觉地按着“粗心大意”的导向发展下去，成为一个粗心大意的孩子。许多父母不知道言语暗示的这种奇特功能，常常用一些消极的言词去批评指责孩子，结果是孩子在潜意识里已经接受了父母的这种言语暗示，承认“我是一个粗心大意的人”，在不自觉的无意识过程中形成了这些消极的心理品质和行为特点。相反地，如果暗示者在被暗示者心目中没有威信，甚至被暗示者对暗示者产生一种怀疑、厌恶和对立情绪时，被暗示者就会产生一种常言说的“逆反心理”，按照言语暗示完全相反的方向去行动。所谓反抗期的孩子在许多情况下的“反抗行为”就是在与成人的这种对立情绪状态下产生的。医疗技术中的催眠暗示也同此理。

到此，我们便可以回到“危机期”、“危险期”、“反抗期”的效应之正负问题的分析上来了。

我们给孩子独立性、自主性的突变期称之为“反抗期”、“危机期”、“危险期”，实际上就是一种社会性的言语暗示。成年人受此暗示后会对青春期孩子产生一种恐惧、担心的心理，往往戴着“危机”、“危险”、“反抗”的有色眼镜来看待青春期孩子的言行。结果是，本来不是“问题”和“缺陷”也认定是问题和缺陷。正如皮艺军同志所说：“所谓青少年思维方式的危险性，常常是成人社会的主观臆断所造成的。成人们预感到青少年的不成熟可能涉及他们的前途。成年人总是试图改变青少年思维过程中存在的‘缺陷’和‘稚嫩’，以他们认为‘稳妥’的观念对青少年施加影响。”① 我们曾经接待过一个 3 岁男孩的母亲，这位母亲带着惶恐的心理问我们：“听说，孩子有两个反抗期。我的小孩现在处于第一反抗期就很不听话，总跟我作对。将来再长大到第二反抗期那还得了，我能受得了吗？您看，我该怎么办呢？”我们从这位年轻母亲的几句话中可以清楚地了解到，“反抗期”理论给父母们带来的社会效应是不良的。“反抗期”论者主观意愿上是希望父母要树立起一个“反抗意识”，以便主动地及早做好教育子女的工作。但是，事与愿违，反抗期的口号暗示给他们心灵上所形成的却是“孩子一天天长大后将会反抗我”的印象，从而搅乱了父母早已形成的安全感，自觉不自觉地站在孩子的对立面去观察孩子的言行，处理与孩子之间的争端和纠纷。可

① 皮艺军：《青春期危机》，春秋出版社，1989 年版，第 108 页。

见，所谓要让全社会都树立起一种危机意识，实际上是让全社会都要用一种不信任的怀疑的眼光和惧怕的情绪，乃至对立的态度去对待青春期的孩子。如果真是这样的话，那么，实质上“危机论”不是起到教育引导青春期孩子走上健康成长的道路；相反地却成为把他们推到邪路上去的一种绝妙做法。不管“危机论”者的主观愿望说得如何天花乱坠，客观的社会效应却会延缓、阻碍了青春期孩子社会化过程的顺利完成。

“危机论”、“危险论”和“反抗期论”对于青春期的孩子来说，会产生一种“罗森塔尔效应”中的负效应。因为“危机”、“危险”、“反抗”都是一种贬义词。它是与社会道德规范和成人社会要求不相符合的一种消极性质的标志，是一种不全面不公正的看法。它或多或少都带有一些贬低乃至污辱青春期孩子人格的色彩。不管成人社会或“危机论”者作如何巧妙良好的解释，都不能消除少男少女们心灵中所产生的这种负性社会心理效应。相反地，它可能成为一种消极的言语暗示，成为他们越轨行为的一种教唆、诱发因素。有些独立性强的孩子会更加公开地表白说：“我正处于‘危机期’（危险期、反抗期），所以你们（指成年人）应该特别地对待我，否则……”可见，危机论实际上有可能助长他们的一些越轨行为，同时也会成为某些孩子自暴自弃的理论依据。

“危机论”、“危险论”、“反抗期”的理论负效应，还可能导致一些父母失去教育少男少女的信心，从而放弃、放松孩子在青春期的教育，从而增加了青春期孩子社会化的难度，给家庭、学校和社会施加了压力。

危机论之负效应还在于它是运用忽视社会生活和教育这一决定性因素的作用而孤立地强调青春期特点的这种单因果方法论为指导而得出的结论。因为“青少年可塑性强，无不存在着两种截然相反的发展方向，每个青少年都毫无例外地要作出选择，何去何从？关键在于环境和教

育”。[①] 如果人们遵循着论证“危机论”的思路走下去，人们就可能自觉不自觉地形成单因果论的思维模式，采用片面的主观的非科学的教育方法去对待青春期孩子。

我们从上面的分析可以看出，把青春期命名为“危险期”、“危机期”、“反抗期”，对于青春期孩子的教育是没有好处的，只会带来坏处。

四、人类社会进化的启示

人类社会至今已有几千年的文明史了。我们综观人类进化的文明史便可以发现一条规律：人类社会一直就是在否定之否定的过程中前进，在老一辈与后一辈的协同活动过程中得到发展。如果我们能从代际协同和互补的角度去构建青春期教育的策略，我们就不至于总是从消极防患

① 罗大华：《青春期危机》中的序，春秋出版社，1989 年版。

的心理定势去观察和处理青春期孩子发展过程中出现的种种问题，而会从年轻一代和老一代人之间的相互理解、团结协作、协调发展的高度去认识和对待两代人之间、社会规范与青春期孩子非规范行为之间的这些矛盾和差异。

应该看到，年轻一代与老一辈或社会规范之间存在矛盾和差异是一种客观存在的事实，是人类社会发展的一种必然现象。这是因为：①社会规范本身就是一种历史现象和历史的产物。它不是固定不变的，而是随着社会的发展而不断地变化。因此，不应该把社会规范的一切方面都长期一贯地继承下去。否则，它本身就会成为障碍社会发展的因素。②每一代人所经历的社会生活都不同。因此，在每一代人的心理和行为上都必然会打上时代的烙印，残留着时代的特征。因此，在一般情况下，老一辈人多表现为守旧，新一代人多表现为革新。但是，“旧”的不等于都是不好的，还有不少合理的东西应该继承；“新”的不一定都是进步的东西，也不可避免地包含有不妥因素，应予扬弃。这就需要吸收各自合理的进步的东西，扬弃其落后的不妥的因素。这种吸收与扬弃的过程，就是人类社会进化过程中的新陈代谢规律，是社会遗传与变异、同化与异化的具体表现。所以我们如果从人类社会进化过程的规律去看待青春期孩子的行为表现，就不会总是从消极的心态去观察问题并提出一个使人感到惶惶不可终日的危机意识，而会为青春期孩子敢于藐视权威、敢于造反的进步精神感到高兴。

两代人之间或者社会规范与青春期孩子之间虽然有种种

的差异，但是年轻一代经过孩提时代的社会教化过程，为解决这种种矛盾和差异创造了有利的心理和社会条件。应该承认，青春期孩子中的绝大多数人及其基本方面与社会教化的要求是较为一致的。所以我们完全有信心把青春期孩子引导到健康发展的道路上来。至于两代人之间的这些差异恰好弥补了各自的不足。人类社会进化的历史事实已经证明，“两代人之间的相互依存、相互补充、相互协调和相互衔接就成为社会得以延续和发展的前提，是社会生产力不断发展的重要保证，也是稳定社会的重要条件”。[①] 可见，我们完全没有理由把青春期看成是“危机期”、“危险期”、“反抗期”。提出全社会的人都要树立一个（青春期）“危机意识”的主张是一种极不明智的策略。

五、我们要为少男少女的“独立自主期”的到来鸣锣开道

根据暗示心理学的原理和罗森塔尔效应的精神，以及对“反抗期”、“危险期”由来的考察，我们认为，把青春期称之为“独立自主期”更为妥当和策略。

1. 独立自主期能比较恰当地反映青春期孩子在这个时期的基本特征。个体的生长发育有两个飞跃时期，其中青春期又是一个人成熟的关键期、质的飞跃期。它不仅在生理上接近成人，而且在心理意识上也向成人水平过渡。所以人们称之为从幼稚到成熟、从依附到独立、从顺从到自主的发展过渡阶段。从社会的发展和个体的社会化过程看，独立自主是这个时期的本质和主流。它是一种积极的进步的表现。对于他们不成熟和还存在着的幼稚、依附等不足之处，应该看做是发展过程中不可避免的现象，是可以在正确教化过程中得到纠正和完善的。如果把教化者与受教化者放在对立的立场上或教化者自己站在“受害者”的对立立场上看，就可能把一些消极现象看得过于严重和可怕，而忽视了对其积

① 黄志坚主编：《青年学》，中国青年出版社，1988 年版，第 240～241 页。

极因素的扶植和扩展。所以，从辩证唯物主义的观点看，把青春期称之为独立自主期能比较客观地反映青春期孩子的基本特征。

既然是孩子，当然有其不成熟之处。但是，他们毕竟是在往成熟的道路上前进。成熟、进步的因素在社会教化的影响下毕竟是会不断发展壮大成为主导性或主流的东西。非成熟方面在社会教化和教育疏导下会逐步减少和消失。我们为什么不把主流和本质方面的东西加以概括并命名为“独立自主期”，而偏偏要把消极的不成熟的甚至会逐步消失的东西概括并命名为“危机期”、“反抗期”呢？显然这是混淆了事物发展的矛盾的主要和次要方面。未能把青春期孩子当做发展主体来看待，实质上是一种陈旧落后的教育思想和哲学思想的反映。①

2. 独立自主的提法能充分发挥言语暗示的积极效应。

我们从暗示心理学的观点中可以了解到，给青春期命名不是一个简单的词汇的变更问题，而是言语心理暗示学的一个重要理论问题，也是青春期教育的一个重大策略问题。

独立自主期的提法有利于全社会和广大家长们清楚地看到青春期孩子的本质和主流方面，树立起教化青春期孩子的信心。人是一种情感动物，人与人之间的关系实质上就是一种情感关系。对立情感者视为敌人，有好感者看做朋友，这是人们都懂的常识。决定情感性质的因素主要是人的认知的结果。一个人认为某人是好人，可信可靠，则会产生一种喜爱的情感和亲近的态度，去帮助他、扶植他。如果一个人认为某人不好，不可信任，甚至是可怕和危险者，这个人决不会喜爱他、亲近他；相反地会远离他、回避他，甚至要消灭他。同样道理，假如全社会和家长们都能为青春期孩子的独立自主性发展而感到高兴，在态度与情感上就会与他们更为接近。假如是站在“受害者”的立场上把他们看做是危险人物、反抗者，必然会产生一种恐惧与可怕的心理，增加了彼此

① 刘荣才：《是“自立期”，不是“反抗期”——关于儿童心理发展中的“反抗期”的再认识》，《父母必读》，1988年第5期。

之间的心理距离与隔阂，影响了教化青春期孩子的种种措施及其效果。

独立自主期的提法有利于充分发挥主体作用，调动青春期孩子的主观能动性，以积极的方面去克服消极方面，发展不足之处。言语暗示的导向功能已经证明，独立自主期的这种提法有利于加强其积极因素对消极因素的补偿功能，有利于自我意识向成人水平发展。更为重要的是，它反映了青春期孩子的社会地位的提高，人格受到尊重，有利于满足其自尊心发展的需要，更能发挥主体内在的积极能动作用，主动去完善青春期孩子自身发展过程中的不足。如果把青春期称之为危机期，对于一些独立意识较强的青少年，可能认为这是对他们人格的污辱，产生一种逆反心理，有意识地干出一些越轨行为以示反抗。或者是使一些缺乏进取心的青少年失去信心，甚至自暴自弃。

3. 独立自主期的提法是站在人类社会发展的立场，以个体社会化的标准为参照系所作出的论断。它能把矛盾的双方统一到一个基本点上来，使彼此之间的差异缩小到最小，而使彼此之间的共同因素扩展到最大。这样就可以使青春期孩子的不平衡心理状态更快地趋于平衡，并达到成熟水平。

长期以来，我们对于青春期教育的研究，提醒人们重视的问题较多，而研究如何才能更好地解决青春期的问题却比较少。或者说，长期以来，青春期教育所以成效甚少，其基本原因之一就在于我们的研究工作长期以来沿袭了传统的青春危险的观念。我们的性教育所以起步艰辛也是来源于“青春危险”观念的束缚。因此，我们认为，现在是对传统的青春观念和社会教化观念来一个再认识再命名的时候了。我们应该站在人类社会进化的高度为青春期孩子独立自主期的到来鸣锣开道。

第二章　内心充满矛盾的少男少女

我们不同意把青春期命名为“危机期”、“危险期”或“反抗期”，并不是说我们否认青春期孩子内心充满着种种矛盾现象。我们把这些问题看做是“心理矛盾”，不仅不是什么“含糊不清的提法”，恰恰相反，它恰到好处地反映了事物的客观实在性。因为这些矛盾都有可能向性质完全不同的两个方向发展。我们把这些矛盾现象看做是社会规范与个体行为互动的社会过程，是以社会性与自然性、心理的旧质与新质相互融合的过程，是人类社会进化过程中新质的诞生、发展与旧质的萎缩、消亡的发展过程。如果我们能从这个新的视角去观察青春期孩子的矛盾现象，我们的社会教化和家庭教育就可以更加主动地将青春期的本能性、自然性上升为社会性，化消极因素为积极因素。

家长们在完成家长的神圣使命——教化孩子成为一个独立的社会人的任务时，不仅要在青春观念上来一个彻底的变革，而且还应该更为具体地了解青春期少男少女的种种心理矛盾现象。只有这样，才能真正理解他们并根据青春期孩子的生理与心理特点进行因材施教。

根据许多学者对青春期的研究，少男少女在这个时期存在的主要矛盾现象有如下方面：

一、生理性早熟与社会性晚熟之间的矛盾

孩子生理性早熟与社会性晚熟的矛盾并不是现在才有，过去就一直存在。问题在于当今社会中，这个问题比以往任何时候都显得严重和突出。

1. 生理性成熟主要指生长发育的年龄普遍地相应提前。不仅国外

如此，我国也不例外。我们从国内几个大城市的调查材料（见表1～表7）中可以看到，我国儿童生理性早熟也有明显的前倾趋势。

表1 上海地区17岁中学生的形态发育统计①

指标	性别	1955年	1983年	增长率
身高	男	1.66米	1.71米	3.1%
	女	1.55米	1.598米	2.4%
体重	男	51千克	55.1千克	8%
	女	45千克	47.8千克	6.4%
胸围	男	77厘米	81.5厘米	5.8%
	女	74厘米	75.8厘米	2.4%

我们从生理成熟的重要标志之一即男孩的第一次遗精和女孩月经初潮的时间变化也可以看出当今孩子生理性早熟的倾向。据统计，从1850年起，西欧各国女性的月经初潮年龄每10年就要提前4个月。日本少女月经初潮1928年为14.10岁，1929年为14.03岁，1942年为13.08岁。北京市近35年来女性月经初潮年龄平均每10年提前5.07个月。② 我们从上海等地男孩首次遗精与女孩月经初潮的调查也可以看出生理性早熟的现象。详见表2～表7。③

表2 上海市1985年805名男学生首次遗精的年龄分布

<table>
<tr><td>年龄</td><td>13</td><td>14</td><td>15</td><td>16</td><td>17</td><td rowspan="3">$\overline{x}$ - 15</td></tr>
<tr><td>年级</td><td>初一</td><td>初二</td><td>初三</td><td>高一</td><td>高二</td></tr>
<tr><td>%</td><td>30.1</td><td>59.34</td><td>67.7</td><td>72.6</td><td>100</td></tr>
</table>

① 姚佩宽：《上海市青少年青春期教育试验概况》，1988年全国性教育研讨会资料。

② 皮艺军：《青春期危机》，春秋出版社，1989年版，第63页。

③ 邓明昱、王效道编著：《性心理学探索》，上海科学技术出版社，1989年版，第112～115页。

表 3　山西省 1985 年 258 名男生出现遗精的年龄分布

年龄	13	14	15	16	17	$\overline{x}$ 14.5±15
%	6	11.5	38.5	53.4	70.3	

表 4　西安地区 1986 年 174 名男生首次遗精年龄分布

年龄	10	11	12	13	14	15	16	17	18	$\overline{x}$ 14.36±1.62
人数	1	4	23	26	32	41	33	18	1	

表 5　重庆地区 1986 年 876 名男生首次遗精年龄分布

年龄	10	11	12	13	14	15	16	17	18	$\overline{x}$ 14.24±1.31
人数	3	15	74	123	246	251	146	16	2	

表 6　上海市 1986 年 893 名女生月经初潮年龄分布

年龄	13	14	15	16	$\overline{x}$ 13 - 4
%	57.9	85.15	96.96	100	

表 7　山西省 1985 年 268 名女生月经初潮年龄分布

年龄	13	14	15	16	17	$\overline{x}$ 13.99±0.93
人数	50	83.7	89.3	96.6	100	

表 8　重庆地区 1986 年 878 名女生月经初潮年龄分布

年龄	10	11	12	13	14	15	16	17	18	$\overline{x}$ 13.97±1.52
人数	18	62	178	227	211	115	35	26	6	

青春期孩子生理上的早熟，使他们的体质与素质得到了较好的发展，有更多的体力和精力从事范围更加广泛的社会活动，特别是性早熟的提前对青春期孩子的影响最大。他们在大量的雄激素或雌激素的作用下，性器官得到了迅速发展，第二性征明显地表露出来。第二性征的出现又直接促使他们心理上的成熟，产生一种强烈的成人感。在性激素和

性冲动的刺激下，自然地会产生性情感体验。他们的这些性认知和性情感上的一系列变化，与第二性征的出现相伴随的性欲求受到激发后，会引起性器官的相应的生理反应并导致性意识的觉醒，表现为对异性的好奇心、神秘感和追求、爱慕，乃至发生种种性行为。他们对性的突如其来，在精神上准备不足。因此，有的感到十分害怕，有的女孩视月经为癌症而想自杀。据我国著名少儿卫生专家叶恭绍教授介绍，有位少男因为害怕遗精，竟把自己的睾丸切掉。但是，也有的少男少女却沉湎于性的追求和体验，甚至对性行为感到无所谓，甚至会不知羞耻地反驳说：“这有什么不好，有哪点不纯，我们之间是纯洁的爱情，谁也没有给对方带来什么麻烦，我们只是干了我们想干的事情，请你不要多管闲事。”与此关系甚为密切的相应的行为问题就是青少年犯罪的低龄倾向。据调查，1984 年全国查获的刑事犯罪人员未满 18 岁的占 20.4%，所占的比重比 1983 年增加 2.4%。北京市 17 岁以下的少年犯逐年增加，1981 年为 18.9%，1982 年为 25.2%，1983 年为 27%，1984 年为 34%，1985 年为 35.6%。①

据研究，促成生理性早熟的原因有如下几个方面：①社会生产力的发展，人民生活水平的提高，特别是营养状况的改善，普遍增加了动物蛋白、脂肪等食物；②社会医疗卫生保健工作的普及化，人们的健康状况有了改善，体质得到增强；③文化教育和科学技术的迅速发展，社会各种信息量成千上万倍地增加，社会认知水平的加速发展；④性文化的丰富和活跃，性观念和婚姻观念的变革，社会性信息量的大量涌现，诱发了儿童性生理的早熟；⑤由于营养丰富而充足和运动的严重缺少，使性欲更加亢进、充溢，又无处发泄和疏导，于是加速了性欲冲动和生理性早熟；⑥性生活环境的急剧变化也超出了大人的想象，夫妻性爱结合的小家庭，其环境比大家庭更具有浓厚的性色彩，并

① 皮艺军：《青春期危机》，春秋出版社，1989 年版，第 64 页。

时刻在影响孩子；⑦每个家庭孩子数量的减少，失去了模仿学习哥哥、姐姐的机会，正因为平时缺少与异性人体、性格方面接触的机会，反而促使孩子对异性产生了更为异常的好奇和兴趣；⑧独生子女更爱自己的异性父母，都抱有一种强烈的亲密感和信任感。这对孩子异性意识的早熟产生了多方面的影响。另一方面，父母对孩子的放纵可以导致孩子对性冲动的控制能力的削弱，从而导致性早熟和性越轨行为。

2. 与生理性早熟、前倾相对应的就是青春期孩子社会性的晚熟、后滞现象。

美国心理学家威格斯特认为，青春期孩子的社会性成熟应达到如下几个方面的标准：

（1）在同辈男女两性之间能结成新的比较成熟的关系；

（2）能完成作为男性或女性各自承担的社会义务；

（3）充分认识自己身体的特征，并使它有效地发挥作用；

（4）在情绪上要能完全独立于父母和别的成年人；

（5）要确立经济独立的自信；

（6）要做好选择职业工作的准备；

（7）做好结婚和家庭生活的准备；

（8）具有一个公民应该具有的素质，能熟练地掌握必要的知识技能和有关概念；

(9) 参加社会公益劳动并做好工作；

(10) 掌握作为行为指针的一系列社会的价值和伦理道德体系。

上述的社会性成熟的标准是当今文明社会对于一个社会成员的基本要求。当孩子们刚刚脱离父母亲的保护而走向快节奏、纷繁复杂的广阔社会时，他们在种种困难和挫折面前就有可能感到困惑、疑虑、彷徨，不知如何是好。他们既难于认识和把握各种社会问题的难度和性质并作出正确的决策，又难于理智地控制自己、预测到自己的行为所产生的社会后果。这就是说，要真正能适应现代社会生活的要求，要比以往任何时代的青春期孩子所面临的困难都更多更大，在这方面所花费的时间和精力也要多得多。这就是青春期孩子社会性晚熟、后滞的基本表现。

据研究认为，导致儿童社会性成熟推迟的主要原因有如下几个方面：

(1) 由于科学技术的迅速发展，与之相联系的社会生产和生活的各个方面的变化也高速度地进行变革，青春期孩子面对当今社会的这种急剧变化，既难于预测，也难于适应将来社会成员的要求。

(2) 由于现代社会和科学技术向着多样性、多元化方向发展，儿童

必须从比现在更为广阔和复杂的范围中去选择自己应该学习的东西和自己的发展方向。并且随着选择范围的扩大，这种选择的困难也在不断增加。不仅父母难于预先设想他们今后面临的选择范围并给予训练教育，而儿童自己就更为困难。

(3) 随着工业化水平的提高，职业的更替，人口的流动，地理的迁移和社会阶层的变动，都会逐渐变得激烈起来，即使是那些在特定的地域社会和特定的社会阶层中所诞生和成长的儿童也难于适应这种社会和文化变迁的要求。

青少年的生理性早熟给他们提前进入成人社会生活创造了条件。但是他们由于社会化不完全的结果，又使青少年进入成人社会生活的时候，不知道该如何控制自己的行为以适应成人社会生活规范的要求及充分利用社会向他们提供的机会。他们不仅要面对复合文化的多样性，而且还要面对在进行种种选择过程中遇到的困难，甚至找不到一条适当的途径，使自己的步调与社会要求协调统一起来。他们由于缺乏这种认识，往往会对自己应该采取的行为感到困惑，产生对社会的不适应和不安的感觉。

二、做自然人与社会人之间的矛盾

我们把人分成自然人和社会人是以社会化的完善程度为参照系而划分的。所谓自然人，就是指一切行为都是为了满足自己的本能需要和盲目的冲突，不考察客观环境的可能条件如何和社会规范的要求以及自己的行为所造成的社会效果如何的这些人。所谓社会人，就是指能以社会规范和个人的理智来控制调节个人的本能需求和个人的欲望的这些人。自然人是动物性、生物性与本能超过社会性而居统治地位的人。社会人则是社会性超过动物性、生物性和本能而居统治地位的人。正如我国著名社会学家费孝通先生在《人兽之间》中指出的那样："每个人都有兽性和人性，只不过是哪一种属性占主导地位而已。"

人类个体在出生之后的几年里，从严格的意义上讲，还不算其为真正的人，而只能是一种自然人或生物人，在许多方面，他和一般动物极为相似。他的行为最大的特点就是：①以自我为中心。一切行为都是以自我的利益作为出发点，我想干什么就干什么，我想怎样干就怎样干，我想什么时候干就什么时候干，任何人都不能干涉与阻拦。②以快乐为原则，凡是使自己能得到愉快情绪体验的就是好的，否则就是不好的。对于他们来说，本能的满足和感觉的刺激就是生活的全部。他们对成人的顺从和反抗都是为了这个目的。在他们的思维中，一切欲求冲动都应该得到满足，不应该有任何阻挠，否则就是父母的不是。随着社会和父母的教化，他们才逐渐学会按社会规范为原则，以利他和现实原则为出发点，来调节控制自己的需要和言行。

在个体的整个成熟过程中，人的生物性与社会性是微妙地交织在一起的。一般情况下，年龄越小，教化程度越不充分，孩子接受教化越差，自然人的成分越大；反之，年龄越大，社会的教化程度越高，社会人的水平就越高，并占优势。可见，个体从出生到成人过程中，本能性活动，即纯自然性越来越小，社会行为规范的压力就越来越多地得到个体内部自我控制的配合。这就是我们常说的一个人的社会化过程。

青春期孩子属于半孩子半成人、半幼稚半成熟的过渡时期。他们一方面还保留着孩提时代的“快乐原则”作为评价行为的标准；另一方面他们又逐渐认识到，自己的本能需要及其满足欲求的方式往往不为社会所容纳，而是受到社会规范的种种限制。于是，他们便会出现“欲弃不忍，欲做不能”的心理冲突状态——“是做自然人还是做社会人”的矛盾现象。

但是，自从人类社会诞生之后，个体就必须向有意识系统调控的成人方向发展。否则，就不被社会所容纳，就会受到社会规范的种种限制和惩罚。所以，人类后代的本能属性从小就要接受以父母为代表的社会教化，受到社会规范的约束，学会用现实原则去代替快乐原则来满足个人的欲求。

人类社会是一种群体生活，为了保证人类社会的正常运行、沿袭和发展，为了维护群体生活绝大多数人的利益，社会必须制定出各种规范，作为对社会成员的个人意志进行约束的行为准则。青春期孩子在这种规范林立的社会中，有两种选择的可能性：一种是继续按照“快乐原则”顺从本能冲动，不考虑满足本能欲求的手段是否合理，不顾及自己的行为所产生的社会效果如何，放弃理智对行为的约束。或者以理智去强化那些满足本能欲求的非规范行为，成为一个扰乱或破坏社会秩序的分子。这种选择的最终结果，必然要受到社会的遣责，法律的制裁。因为这是人类社会所不允许的。另一种是按照社会规范的要求，以适应社会群体生活的需要，用理智来调节、控制和克服个体内部的某些非份的欲求所引起的骚动，自觉地做一个符合社会要求的社会人。对于一个从小就接受了合理管教、具有较明确的是非观念、较强的自我控制能力和责任感的孩子则比较容易作出第二种选择。如果是从小就受到父母宠爱、娇生惯养、专横任性、缺乏责任心的孩子，要选择第二种前途则要作出较大的努力，还需要经历由被迫到自觉、从他律向自律的转化过程。否则，他就只能是作出第一种选择。

我们还应该看到的是，一个人的本能需要和冲动是不可能被消除的。它只不过是被人的理性所压抑、掩盖，被人类的文明所取代而已。哪怕是社会道德水平非常高尚的成年人也不例外。那些社会适应状况较好的人，无非是能有效地借助于规范的力量和高尚的情操去增强本身的自我控制能力去克服内心的非分欲求。一个品德高尚、终身没有恶行的人，在一生中也不可能没有过任何非分的欲求、越轨的冲动和尝试，甚至在他的心灵深处经常都可能出现对越轨情境的设想和对越轨快感的向往。只不过是受到了种种社会规范的限制未能付诸实施或使得满足值总是大大低于期望值。如果一个人处在非份欲望冲动的心理状态下，环境诱因却成为一个十分重要的动因，可以成为诱发他内心深处潜藏的越轨冲动的强烈刺激。因此，对于认知能力还不十分完善、自我控制能力还不强的青春期孩子来说，在做自然人还是做社会人的这两种选择中，它的难度比成年人会显得更大。究竟会作出哪一种选择，除了受原有的个性心理基础制约外，还受当时的各种环境诱因（正或负）的影响。这是在对待青春期孩子的这一矛盾心理状态所必需注意的问题。

三、爱慕异性与受传统性观念和社会规范压力之间的矛盾

孩子进入青春期的后期，或者在“同性集团”开始分化之时，便产生了一种极为强烈的对异性的神秘感和好奇心。从对异性朦胧的关心到强烈的向往和追求、爱慕。这是一种自然现象和客观规律，任何外力和环境的控制都不可能阻止这种现象的发生。家长们自己也经历过这个性意识的发展过程。但是，他们当了父母之后，由于社会角色身份的变化，便忘却了自己在青春期的心态，有意无意地压抑青春期孩子的性意识的发展。相反地，总是把他们强行拉到普通成年人的男女交际水平上来指导，认为青春期孩子在异性之间的交往不宜过早，因为它会分散精力、防碍学习，到大学毕业参加社会工作后才应该。更有甚者，即以“男女授受不亲”的落后观念来对待中学生异性之间的交往，只要发现个别异性之间有交往就被认

定为在“谈恋爱”，轻则批评教育，重则公开进行惩罚。这就使得青春期孩子的性心理和健全人格的正常发展受到严重挫折，产生了爱慕异性与受传统性观念压力之间的矛盾心理，从而引起了许多烦恼问题。

青春期孩子对异性的爱慕有一个发展过程。开始时，大多数人能从自己身体发育成熟时出现的第二性征的变化中得到某些性体验，强烈地意识到男女性别上的差异。因此便产生一种更加积极地想知道更多的有关性方面的知识，用特别的眼光去留心观察异性的性征和体态。在这个时期，不论是男孩还是女孩，都总觉得自己好像有些空虚，缺少点什么。这就是对异性的爱慕而又未能满足的一种心理矛盾现象。

青春期孩子对异性的爱慕的对象是从年长者发展到同龄人的一种变化过程。例如，有人曾经对初中生作过“你对自己的老师是否产生过恋爱感情”的调查，结果是，男生中有9.8%、女生中有26.9%做了肯定性回答。他们爱慕的年长者包括异性的老师、影视演员、专家学者、英雄模范等。他们到了初中三年级以后就不像过去那样一心想接近偶像化的年长者一类人物，而变得渴望接近现实存在并与自己年龄相近的异性。一般情况下，高年级的或同年级的同学便成为自己爱慕、选择、交友的异性对象。有人曾经对初中生作过有关对异性的态度方面的调查，见表9和表10。[1]

表9　上海地区1985年1698名中学生对异性向往的统计

年级 / 百分比 / 性别	初一	初二	高一	高二
男生	5	16.66	54.5	61.5
女生	10.3	34.12	30.2	81.5

① 邓明昱、王效道编著：《性心理学探索》，上海科学技术出版社，1989年版，第121页。

表 10　重庆地区 1986 年 1754 名中学生对异性向往的统计

百分比 年龄 / 性别	10～12	13	14	15	16	17	18
男生	6.1	10.9	23.1	40.3	53.7	65.2	83.5
女生	8.5	21.8	31.6	51.6	52.7	75.2	88.2

我们从表 9 和表 10 中可见，女生比男生的态度更为积极，主要是青春期女生性成熟比男生早，所以，对异性的关心比男性更强烈。

青春期孩子对异性爱慕的情况还可以从对异性的长处和短处的受纳和拒绝的态度上表现出来，见表 11。

表 11　对异性长处和短处的受纳和排拒（%）

项目 \ 性别 百分比			男生				女生			
初中各年级			1	2	3	平均	1	2	3	平均
长处	亲切	有	69.7	77.7	81.9	76.4	76.1	80.8	86.1	81.0
		没有	29.5	21.5	17.9	23	23.6	18.7	13.3	18.5
	依赖	有	43.6	43.7	41.8	43	64.1	63.1	76.4	67.9
		没有	54.6	55.4	57.8	55.9	34.4	33.2	22.7	30.1
短处	拖踏	有	60.8	58.9	65.9	61.9	37.0	36.8	36.2	36.6
		没有	37.8	40.7	33.8	37.4	62.5	62.8	62.3	62.5
	不洁	有	19.1	15.7	14.8	16.5	29.1	27.4	26.9	27.8
		没有	80.1	83.6	84.7	82.8	70.8	72.3	72.4	71.8

我们从表 11 中可以看到，男女学生对异性的亲切反映都比较高。但是，女性对异性的好感比男性强，这是向往与异性交往的象征。从对异性的依赖看，女性比男性更强。感到异性拖踏和不卫生的女性比男性多。

对于青春期孩子向往和爱慕异性还可以从他们期望与异性交往的具体方式上了解到。见表12。

表12 初中生对异性交往的现状和对异性交往的期望（%）

项别 \ 百分比 \ 初中各年级 \ 性别		男生				女生			
		1	2	3	平均	1	2	3	平均
现状	一对一交往	7.0	9.4	8.0	8.1	6.1	7.0	7.1	6.8
	集体交往	28.0	23.6	19.8	23.8	28.2	18.3	18.9	21.8
	现在没有交往	62.4	65.2	70.1	65.9	63.3	73.8	72.9	70.0
期望	一对一交往	24.3	34.0	31.0	29.8	21.0	22.6	16.9	20.2
	集体交往	54.1	49.6	54.4	52.7	70.3	67.7	76.0	71.3
	不想交往	19.7	15.0	12.8	15.8	7.0	8.1	5.7	6.9

中学生的一对一的交往多数还是一种深厚的友情。但也可能萌发有早恋和初恋的爱情。集体的交往属一般性友谊。友谊是多数人之间的交往，恋爱是单一的交往。友谊可以为多数人所共有，恋爱则是排他的、独占的。谈恋爱时它意味着并非是谁都可以自由地进行交往的，而应选择固定于某一个人；也不是和许多伙伴一起行动，多数情况下是两个人之间的幽会。因此，对于青春期孩子的异性交往要客观地慎重地对待，分清友情与爱情的界线，不要轻率地把向往与异性的交往的正常性心理一律看做是一种邪念和低级庸俗的思想。

男女之间交往方式的变化，它在很大的程度上为社会文化状况，特别是性观念所左右，同时也受男女交往的观念、实际交往的行为及个体发展的水平所影响。15岁以上的青少年在男女交往方式上同初中学生有相当的差异。例如，18岁以上的男子和20岁以上的女子已经有一对一的交往体验的都超过30%，而初中生则是处在期望阶段。可见，不论男女，从15、16岁起，交往的重点就逐渐从集体交往向一对一的交往转移了。

我们对于青春期孩子异性之间的交往不能以成年人的性观念或传统性观念去对待。不能把异性交往可能产生的性行为问题看得过于严重。从表13的结果可以说明这个问题。

从表13可以看出，多数青少年还是主张保持正常的交往方式。认为现代青少年已跨出空想世界而走向接吻和发生肉体关系，声称高中女生不是处女的已达30%～50%是过于夸张。我们从对“童贞”和“性交可否自由”的调查中也可以看到，当代青少年的性观念确实在变化，但并非是人们想象的那么严重和可怕。见表14。

表13　对异性交往的程度（16岁～24岁）（%）

条件 / 性别 / 百分比 / 交往程度	不以结婚为前提		以结婚为前提	
	男	女	男	女
通过俱乐部活动、兴趣爱好小组等集体行动	23.8	53.3	5.9	8.8
握手挽臂	20.4	19.8	7.0	20.1
接吻	11.4	5.7	19.6	22.7
性的抚爱	2.5	0.2	4.7	2.1
发生肉体关系	4.3	0.5	16.5	3.2
不知道	27.7	20.6	42.3	42.6

表14　关于“童贞价值”的调查

项目	%
肯定	67.6
否定	6.6
任何场合都应想到	14.6
不知道	11.3

还应该提出的问题是，即使是普通大学生中，对于异性的交往和婚姻观念的变革也不完全像一些人所渲染的那样混乱。从我国某大城市的大学生中的调查就可以说明这个问题。见表15、表16、表17、表18。

表15 “有人说西方的试婚是对婚姻的严肃态度”。你认为如何?①

态　度	人数（%）
不同意	379（43.17%）
说不清	281（32.00%）
不很同意	115（13.10%）
比较同意	42（4.78%）
同　意	34（3.8%）
未　填	27（3.08%）
合　计	878（100%）

表16 “有人说中国的传统婚姻道德是对人的正常性需要和性欲望的压抑”。你如何看?②

态　度	人数（%）
说不清	253（28.28%）
不同意	192（21.87%）
不很同意	146（16.63%）
比较同意	144（16.40%）
未填或不清晰	23（2.62%）
同　意	120（13.67%）
合　计	878（100%）

① 洪嘉禾:《大学生的性意识和性教育》,《当代青年研究》,1990年第1期。

② 洪嘉禾:《大学生的性意识和性教育》,《当代青年研究》,1990年第1期。

表 17 对上海 16 所高校 1146 名女大学生调查“您对男女大学生同居的看法”结果①

态度	极其厌恶	别人的私事不必大惊小怪	对人宽容对己严肃	只要是爱情未尝不可	不置可否
人数（%）	20.8	28.6	30.3	19	0.2

表 18 大学二年级学生对婚前性行为的态度②

态度	在总人数中的比例	在男性中的比例	在女性中的比例
反对（%）	47.9	46.1	51
赞成（%）	1	1.6	0
随各人便	51.1	52.3	48.1

青春期的孩子在爱慕异性与受环境压力之间的矛盾状态下，可能有几种不同的选择方式：①对自己的前途理想有较高的抱负者，会把这种爱慕异性的冲动通过集体活动加以调节和升华，而将产生的性欲望压抑到潜意识下，把自己的注意力和精力集中在文化科学知识等学习方面。这是家长们所希望的，也是社会的期待。②把自己爱慕异性的倾向公开表露在日常生活学习之中，把自己的许多时间和精力花费在自身的装饰打扮、写情书、递条子、赴幽会等方面，把正常的文化科学知识学习置之度外。这种选择必然会远离群体活动，学习成绩下降。这是家长和社会所不赞同的。③把对异性的爱慕发展成为

① 洪嘉禾：《大学生的性意识和性教育》，《当代青年研究》，1990 年第 1 期。

② 洪嘉禾：《大学生的性意识和性教育》，《当代青年研究》，1990 年第 1 期。

早恋，从公开的活动转为秘密活动，从一般的谈恋爱关系进展到发生性行为。这种选择已潜在着越轨因素，必须给予防范。

青春期孩子究竟会向哪个方向发展，关键在于：①自幼是否养成明确的是非观念和浓厚的学习兴趣以及社会责任感；②校风、家风和同龄伙伴的影响是积极的还是消极的；③学校和家庭在管理和引导方面是否得当和合理。在这三个方面的任何一个环节出了毛病，都可能影响到孩子的正确选择。

四、理想社会与现实社会之间的差异引起的心理矛盾

孩子从儿童时代起就接受了理想社会的教育与熏陶，在幼小心灵中便播下了理想的种子。当孩子进入青春期后，由于认知水平特别是抽象逻辑思维和性意识的发展，不仅发现了“自我”的新世界，对自己的前途有着许许多多奇特的遐想，出现各种各样的“白日梦”，而且还有着许多幻想和憧憬，向往着人类社会的美好未来。然而，随着社会认知范围的不断扩大和深入，对现实社会真相的逐步了解，在他们的心灵中便出现了理想社会与现实社会之间的差距所引起的矛盾现象。他们一方面期望理想社会能早日实现；另一方面又对理想社会的实现感到茫然不知所措，而且痛恨现实社会中的种种丑恶现象。尽管他们对现实社会生活中的各种现象有过这样或那样的过激言词，但是，“国泰民安”仍然是他们的理想社会。“忧国忧民”便成为他们在思想上产生一种焦虑的心情。

理想与现实之间的心理矛盾，是建立在青春期孩子思维发展的基础上的。这个时期抽象逻辑思维发展的主要特点是：①从具体的感知水平迅速地向抽象的概括水平发展；②以自我为中心发展到客观性，然后又发展到主观性；③从个别的、片面的发展到综合的全面的；④从幻想到现实再到想象（理想）。青春期抽象逻辑思维的发展意味着人的理性的诞生。通过理智的诞生，他从具体事物中摆脱了出来，而成为精神生活

的自觉者。其结果是：①使他们生活在未来的生活之中，表现出一定程度的超前性，往往要以理想来对比现实。②理性为青少年提供了怀疑一切、批判一切的思想武器，使他们站在一个全新的制高点上来审视自身存在的价值与意义，审视社会现有的信仰、政治、法律、家庭观念、经济制度、婚姻制度、文学艺术等一切文化现象是否具有合理性。这种怀疑和批判使得青少年得以摆脱旧的文化传统的束缚。但是，应该如何才能在旧的经济文化基础上建立起新的经济文化制度和观念又显得过于急躁和冒进。一旦当他的激进言行受挫便会出现悲观失望情绪，甚至处于痛苦和绝望之中，而难以自拔。

当他们在这种困惑状况下，又试图通过社会认知的扩大和分化去找到答案。他们在社会认知的扩大和分化方面的发展主要表现在如下方面：①对人类生活的主动关心。例如，对于人的精神、心理、梦、智能、学历、学校生活、朋友、家族、道德、宗教、犯罪、政治、经济、社会、民族、人种、国际关系、战争、言语、文字、风俗习惯、迷信、金钱等社会生活的各个方面都在他们的视野之内。②对历史和政治的再认识。据研究，高中和初中学生的历史意识的转换期是在初二、初三年级时出现。在政治意识增强的同时，结合社会基础考虑问题的倾向也增大了。升入高中后，学生们的世界历史的意识在增强。对社会的批评和时代的关心亦相应增加，他们把“富裕”、“贫困”的问题与社会、经济、政治联系起来认识和理解，说明他们的政治意识在扩大和分化。③社会认识的发展。主要表现在对成人社会的怀疑和批评的日益增加，以自己理想的形象为标准来批评现实。然后又体会到社会的现实未必是按照理想行事，而又出现了与现实妥协的一面。④在认识和思考自我的基础上，形成初步的人生价值体系。青少年随着认知能力的发展，兴趣和所关心的领域的扩大，其认知也在不断地分化和加深。这就意味着他们正在完成对自己的洞察和对自己认识的深化与扩大。自我意识的逐步形成，开始考虑要把自己作为自己的意识对象，认识、掌握和完善自己的形象。在此基础上便形成了具有自我特色的人生价值体系。此后，在他们的思索和苦恼的问题中，多数是围绕着人生价值体系而开展的。见表19。

表19　“你是否经常思索和体会自己，以确定‘我是这样的自己还是那样的自己?’”的调查结果

学校级别 / 性别 / 百分比 / 考虑程度	初二		初三		大学生	
	男	女	男	女	男	女
随时都在考虑	17	20	55.7	56.1	68	69.3
有时考虑	80	80	42.9	43.9	32	30.7
不考虑	3		1.4			

可见，孩子进入青春期，“自我”的发展越来越占有重要的地位。而“自我”的思考又是围绕着青春期孩子的生活、学习、社交等开展的。见表20。

表20　你在生活中感到烦恼的问题是什么的调查（%）

级别、性别 / 百分比 / 问题性质	初中男生	初中女生	高中男生	高中女生
学习问题	52	50.5	49.3	50.4
学校生活	39.1	37.5	51.9	48.6
毕业后的出路	22.5	21.4	20.9	20.8
朋友关系	31.5	28.7	29.2	32.0
健康容貌	14.4	13.6	14.3	20.0
家庭生活	17.8	16.0	18.6	13.3
人生、社会	47.3	47.9	49.4	55.0

我们从表20中可以看出，他们不仅经常都在思索人生和社会，而

且对于人生和社会中的种种问题感到最为苦恼。这个问题应该引起社会和家长的高度重视。如表 21。

表 21　对于人生如何活着感到烦恼的调查（%）

学校级别 / 年级 / 百分比 / 性别	初中			高中		
	1	2	3	1	2	3
男	39.8	57.7	52.5	51.5	50.0	52.9
女	50.0	54.3	52.7	63.2	60.0	

他们为人生、社会而感到苦恼，但是如何去寻求解决这些烦恼问题呢？他们都表现出种种不同的态度和寻求不同的解决方式。见表 22。

表 22　解决人生烦恼方式的调查（%）

学校级别 / 性别 / 百分比 / 对象	初中		高中	
	男	女	男	女
自己解决	37.7	29.5	47.7	42.9
与他人交谈解决	54.2	62.3	48.2	54.2
抱乐观态度	5.5	2.7	3.7	2.5
不是自己的责任	1.8	1.4	0	0
无回答	0.7	4.1	0.5	0.4

我们从上表中可以看出，青春期孩子还是愿意找他人交谈，寻求他人的帮助的，并不是像有的人说的那样，对父母是完全闭锁的。见表 23。

表 23　解决人生烦恼的交谈对象的调查（%）

学校级别 / 性别 / 百分比 / 方式	初中		高中	
	男	女	男	女
父母	57	70	39.6	34.6
朋友	14.7	17.9	39.2	43.6
老师	19.2	10	13.6	9
其他	9	2.1	7.5	12.8

可见，多数孩子的苦恼问题还是愿意找父母交谈的。这就要求做父母者应该珍惜孩了的这种心理倾向，采取平等的实事求是的态度进行探讨。

对社会的思考是人生观形成的一个重要因素。但是，它不是唯一的因素。影响青春期孩子人生观形成的因素还有其他客观因素。这就给我们提供了帮助他们解决这个矛盾的线索。见表 24。

表 24　影响人生观形成的因素调查表（%）

影响人生观形成的因素	男	女
随年龄的增长而自然产生	28.2	31.8
与个人命运有关的事件	6.2	2.8
家庭生活	14.1	20.3
社会政治变革	17.9	16.1
老师和长辈	6.5	9.4
朋友	5.6	6.2
书籍、文物、演讲、电影	11.1	9.8
家教	1.8	0.7
自然现象	2.1	0.4
其他	6.5	2.5

五、思想上的独立与经济上的依附引起的心理矛盾

青春期孩子在思想上的独立性，主要表现为对各种事物特别是对传统观念和教育管理的批判或否定。这些批判或否定的表现往往被成人和家长看做是一种反抗。然而，他们在经济和生活各个方面仍处于依附地位，还没有"独立"。他们为了求得独立的生活、生存和发展，又不能忽视这种经济上的依附地位而对于自己思想上独立性的表现和发展所产生的制约作用，因为父母常常以经济作为限制孩子独立性的手段。这就造成了孩子独立性的发展与限制的心理矛盾。

对于孩子的独立性如果抱积极的态度，作父母的就不会视之为"反抗"。事实上，在许多情况下，青春期孩子所反抗的并不都是正确的东西，而往往是一些传统落后的观念和错误的管教方法。有人调查过，在家庭中，孩子的所谓反抗行为主要表现在如下情境中：①孩子要独自去完成自己的活动任务或与朋友一起玩耍时，而家长却完全没有让孩子离开的心理准备，总是喜欢把孩子留在身边并给予幼稚的待遇。只要是孩子一出门，父母就表现为这也不放心，那也不放心，总是唠唠叨叨地交待个不停，好像是孩子只有在父母的保护之下才能安全生活。所以，父母便千方百计地想把孩子拴在自己的身边。这种做法便引起了孩子的激烈反对。②青春期孩子的日常生活完全可以自理。可是父母却视他们为小孩。孩子生活中的一切事情都不让孩子自己去做，而由父母自己包办代替。这也引起孩子的不满。③家庭中缺乏民主气氛。家庭生活中的许多重大问题的决策，哪怕与孩子切身利益相关的事情，都不让孩子参与讨论，或不听取孩子合理的建议，无视孩子的存在和自主性。父母总是把孩子置于自己的支配和从属的地位。如果父母有不对的地方，也不能很好接受孩子的批评意见。④青春期孩子求知欲特别强烈，兴趣爱好也比较广泛，而且体力强、精力充沛、活动量大。但是，父母望子成龙心切，只要求孩子关门读书、升大学、攻博士，不让孩子参加自己所感兴

趣的各种文娱体育活动和社会活动，阻碍孩子个性的全面发展。这些做法也会引起孩子的强烈反抗。⑤两代人之间由于各自成长的时代不同，价值观念体系不同而产生“代沟”是一种自然现象。但是，父母往往偏重于经验并运用长辈的权威强迫孩子接受自己的价值观念。在这种情况下，孩子决不会盲目服从长者，而是拒绝接受父母的价值观念，坚持自己的见解。⑥青春后期由于性意识的发展，爱慕、接触异性的欲望特别强烈。他们不论在文化学习方面还是在课余活动中，都喜欢和异性在一起。他们和异性在一起，有一种莫名其妙的愉悦感，认为这样的生活才充实和愉快。但是，做父母者，往往担心孩子与异性的交往会产生爱情，甚至可能发生越轨行为，因此便不允许孩子与异性进行交往。这些限制必然会引起孩子的反感。我们这样举例分析孩子的反抗行为并不是否认孩子在某些时候的不满和反抗是错误的。例如，这个时候的孩子过分关心自己而不能体贴关心他人。如果父母指出了他的这些缺点并严格要求他改正时，也许会引起他的反感。又如，孩子的“快乐原则”和自由化思想并未完全得到教化，常常显得自由散漫，我行我素。只要求自己有自由，而不考虑会不会影响他人的自由。在这种情况下，如果受到了父母的批评，也可能会产生不服气的反抗行为。父母在这种情况下是不能给孩子让步的，一定要坚持社会规范的要求。否则，孩子就不能很好地克服和控制本能冲动，完成从自然人向社会人的转变。

孩子在经济上依附父母这是事实。但父母不能单纯把这种依附看成是抚养的责任，而是要帮助青春期孩子认识到自己的经济开支受约于父

母，是父母对自己的关怀、爱护，也是自己学会生活的一种途径。自己所花费的钱是父母辛勤劳动所换取的报酬，应该从内心感激父母的养育之恩，并养成勤俭节约的良好习惯。孩子有了这种认识就不会去追求高消费、高享受，养成随便花钱的不良习惯，也不至于因为经济上的依附和受控制而产生种种抱怨情绪，致使矛盾激化。

做父母者对于孩子经济上的依附地位，不能从消极的观点去对待，把它看做是一种限制和阻碍孩子独立自主性发展的手段。因为这种做法不仅会在自觉不自觉的情况下形成一种“金钱关系”，而且会助长孩子的逆反心理和对抗情绪，影响孩子健全人格的发展。如果能够作为指导孩子学会生活自理、合理开支的教育方式，孩子则有可能体验到这是父母的爱护和关心，从而增进彼此的情感，协调好各方面的关系。假如对于孩子经济上的依附这一点不从教育的角度去认识，而是迁就和满足，任其挥霍浪费，孩子不仅未能形成适时适度地满足个人欲望的自我克制能力和产生一种“依存”心理，体谅父母、感激父母，相反地他会产生一种“合理化意识”，“你给我钱用是应该的”，使自己的行为完全失控，以一种“心安理得”的心态去满足自己的欲望。如果孩子有了这种心态，其独立自主意识就有可能偏离社会化的正确轨道，向着自私、冷酷、固执、放纵等不良方面发展。可见，青春期孩子存在思想上的独立性与经济上的依附性之间的心理矛盾是一种正常现象，如果我们引导得好，就有利于孩子的独立性向健康的方向发展；如果我们对此问题处理不当，则有可能阻碍孩子的独立性的正常发展。

六、自我完善的需求与客观条件限制之间的心理矛盾

青春期是一个人的人生中最富于幻想和追求的阶段。他们随着生理的成熟，认知能力的发展，自我意识的增强，对自我的过去、现在和将来进行了认真的反思与评价。他们在检查过去的自我和现在的自我的基础上会精心地描绘出将来的自我的美好蓝图，并以将来的自我为标准不断地去改造和完善现在的自我，实现将来的自我。人们所说的“自我实现”，实际上就是要使自己的潜能得到最大限度的发挥，使将来的自我能顺利地得到实现。

一般认为，青少年最重要的基本需求有三个方面：①求知需求。特别是在当今的“学历”社会中，把升学与取得社会权势和达到生活富裕直接相联系。他们为了取得高学历并渴望得到更为广博精深的知识，他们不仅敬仰崇拜这些学者、专家，而且自己也可以这些学者、专家为学习楷模，孜孜以求地像海绵似的吸取知识，以丰富自己，充实自己。孩子在青春初期对异性的好奇，在严格意义上，仍属于求知需求的范围，而不是性欲的萌动表现。②求偶的需求。进入青春后期的孩子，性意识已基本成熟。它主要表现为：a. 完成了性别自认，能正确理解和处理两性关系，领悟到两性的真正涵义；b. 在精神上具有一定的性需要，表现为乐意接近、追求异性，与异性谈恋爱，发展和确定爱情关系；c. 形成正常的性意志，能按社会性道德规范控制自己的性行为，特别是性冲动。因此，他们逐步从爱慕异性的朦胧状态，逐渐发展到选择配偶的求爱阶段。由于各人的生活经历和所形成的性观念和人生价值体系不同，不仅在不同性别的人在择偶动机和标准方面有差异，就是同一性别群体的人在择偶的动机和标准上也是不一样的。在求偶的选择标准上，不论个体或性别方面都存在较大的差异。在其强度方面都是比较一致的。正如歌德所说的：“哪个少女不善怀春，哪个少男不善钟情。”③求

职的需求。求职从本能上讲，是人的一种生存需要的高级形态。它的基本目的是为了解决吃饭等基本的生活问题。但是，从社会化要求看，这是社会化所应达到的基本目标。如果从个体发展角度看，它是个体发展的一个新阶段，是形成独立自主的社会人的基本标志。求职需要的满足又可以进一步促使个体独立自主性的进一步发展。不论是中学毕业能否升学的孩子，特别是农村地区相当大部分孩子都有求职的强烈欲望，只不过是这种欲求的目标、强度有所不同而已，未能升学的孩子显得更为强烈。

青少年的三大需求虽然都有自己所确立的目标，但是，在个体身上，它们并不是孤立地发展，而是彼此相互渗透、相互联系、相互促进的。他们为了自我的实现，就必须不断地进行自我完善。以往的书籍中，对于自我实现，多从个人职业理想、事业成功方面去论述。其实，自我实现的内容应该包括社会理想、个人生活理想和个人职业事业理想几个基本方面。只有这三个方面的基本理想得到了充分实现，其自我才算是完善的、和谐的。

青少年的自我实现是个体行为的一种潜在动力。它是推动社会前进的一种巨大力量。自我实现就是要充分发挥自己的个性和能力为社会做贡献。但是，完成自我实现并不是轻而易举的。它会受到许多挫折和障碍。这些困难和障碍既有来自主体身上的，也有来自外界环境的。主体自身的障碍主要有：①能否准确地进行自我评价。自我实现是以正确的自我评价和自我设计为基础的。自我设计又必须以正确地评价自我为前提。对自己的个性和能力等方面不能恰当地估计（过高或过低）都难于合理地进行自我设计。所谓自我设计，就是根据自己的个性和能力特征的分析，拟定自己的发展方向和奋斗目标。它与学校中的“因材施教”和社会上的“因材用人”的客观规律相同，是社会发展的需要，也是马克思主义关于共产主义个性全面和谐发展的基本内容之一。因为只有根据个人的特点，充分激发个体的主动性、积极性，才有可能取得最大的

学习与工作效能，社会才能以更大的速度得到发展。所以，首先应该做到恰当地评价自我，合理地进行自我设计。从社会的角度看，应该鼓励自我评价、自我设计，而不应该不分青红皂白地批判“自我设计”，甚至把它等同于个人主义思想而加以批判。②会不会在实现自我的过程中碰到了挫折和困难时对自己实现的目标产生动摇、缺乏信心或半途而废，能不能以最坚强的意志力和毅力去排除各种干扰、克服各种困难和障碍、经受种种严峻的考验而坚持不懈直至达到目标。由于青春期孩子在认知发展方面还不很成熟，容易肯定一切或否定一切，对客观事物的本质和规律有时会认识不清，对自己的行为后果往往也难以预料。在这种情况下，他们难免会做出一些错误的判断和行为。因此，对自我实现的目标就有可能产生怀疑和动摇，出现一种是“坚持”还是“退却”的矛盾心理。影响自我实现的客观环境因素主要有如下几个方面：①家庭（父母）对子女的期望与子女自己的自我实现产生矛盾。目前的中青年家长都是在社会大动荡过程中成长起来的，他们在少年时期也曾有过许许多多的幻想和各种理想志趣。但是，由于历史和社会的原因而无法实现。他们回忆起来感到极为后悔。现在，社会环境得到了改善，个人的兴趣、爱好有了发展的可能条件。因此，父母过去所向往的理想便自然地转移到自己的子女身上。希望自己过去想实现而没能实现的理想、志趣能在孩子身上得到实现，在心理上得到补偿。然而，孩子是属于孩子自己的一个独立的社会人，他们成长的社会背景和个人的生活经验都与父母辈不同。父母与子女之间不仅在社会和人生价值观念体系上不完全相同，而且在个体的个性（包括个人的兴趣爱好、气质性格、能力特长）等方面也是不同的。这种差异是客观存在的现实。然而，目前许多独生子女家长却无视这种现实，硬性地把自己的意志强加在孩子身上，强迫孩子长时间地从事父母所认为的最理想的活动。例如，限制或强迫孩子去学琴、练武、练书法、绘画等，剥夺了孩子必要的社交活动和课外活动的现象是普遍存在的。可是，事情又不尽如人意，父母所喜欢和理想的活动却不一定是孩子所喜欢和理想的活动，甚至可能是孩子感到最讨厌、最不愿意参加的活动。在这种情况下，在孩子思想上必然产生一种发展自我与限制自我的心理矛盾，在家庭关系上则是成为“代沟”的一种表现形式。②个人的自我设计与社会需要和可能条件之间是否能协调一致。从社会发展的角度看，社会不仅需要许许多多的各种各样的人才，鼓励人们进行合理的自我设计，而且还要为自我实现创造最优的环境，提供最好的条件。但是，从社会的整体和长远发展考虑，能否满足社会成员的自我实现还有一个社会能否提供发展的可能条件的问题。总的说来，社会成员个人多偏重于理想，而社会的组织与管理者则更注重现实。这就必然会产生一种需要与可能之间的矛盾。在产生这种矛盾的情况下，在我国是以“个人需要服从社会要求”的方式来解决，而不能无视社会的需要而把个人需要看做是至高无上的东西。过去一段时间内所批判的“自我设计”，并不是不要按自己的特长进行自我设计，而是批判把自我设计与社会总体设计相对立而不协调的这种社会现象。但是，也不能否认在当今社会中，合理的自我设计而受到不良社会环境、风气的阻碍而未能实现的现象同样也是存在的。所以，个人的自我设计与社会的需求和可能之间，如何才能协调一致，不仅是青春期孩子必须考虑的问题，同时也是社会的各级组织管理者应该重视和解决的问题。

七、自我中的闭锁性与开放性之间的矛盾

随着抽象逻辑思维和自我意识的发展，青春期孩子不仅发现了自我，对自我感到振奋和新奇，而且随着成熟的进程，“自我”逐步得到了分化和发展。在青春期之前，个体总是通过自己的眼光去观察世界和认识自己。进入青春期以后，便开始通过外界（主要是父母、老师和同伴）的评价来观察自己、评价自己，从而将自我分为“主体我”和“客体我”两个部分。“主体我”即把自己当做观察的主体，反映了人认识事物的本质的独特的特性。“客体我”即把自己当做观察的客体和对象，认识和评价“我是一个什么样的人”。这是社会环境和社会规范对个体的要求和评价的内化结果，也是个体对社会环境和社会规范要求和评价的一种领悟的表现。随着自我的这种分化，大大提高了他们对外界事物的敏感性。他们不仅变得爱观察、反省和思考客体我，而且也能较客观地审视自我、评价自我并以此来调整和控制自我的行动。但是，这个时期的自我认识和评价并非都是正确的。一旦自我认识和评价产生了偏差，他们在心理上就会产生许多苦闷和烦恼。这些苦闷和烦恼便导致了他们在心理上的闭锁性与开放性之间的矛盾。他们一方面对于新发现的自我的特征（包括美与丑、善与恶、真与假）视为一种“隐私”而千方百计地加以封锁和保密；另一方面又期望他人（主要是家长和社会）能真正理解自己，同情支持自己，并愿意向同龄伙伴敞开自己的心扉，女孩尤为明显。

对自我的认识和评价方面所以产生偏异现象加深了其闭锁心态，导致自我评价偏离的原因有两个方面：一方面是由于他们的意识水平和辨别能力还没有发展到完善阶段，容易产生偏激情绪，或者是固执己见或者是轻信他人的评价，在事物的认识上过多地重视表面的形式上的差异而忽视事物的本质和内容的不同；另一方面是由于他们缺乏社会生活经验或初步形成的价值观念体系的不完善，所选择的参照系——群体和同

龄伙伴与社会规范的要求不相符合。由于青春期的心理发展的社会性影响源已从师长转向同龄群体和伙伴，他们便不顾师长们苦口婆心的劝说而听信同龄群体和伙伴的一些非规范化的言行。如果这两种偏异现象成为一个合力，自我认识和评价就可能出现更大的误差，并与日益发展起来的“自尊”人格相矛盾而“自寻烦恼”，使自己处于更加“闭锁”的状态。青春期孩子中所特有的心理疾病——“恐貌不美综合症”、“形体不美综合症”往往就是由于不能客观地认识和评价自我所造成的闭锁心理状态。

青春期孩子一方面逐渐形成了自我价值观念体系作为评价标准；另一方面又发现了自我这个新世界，有了自我追求的新世界。在这种情况下，他们对过去的“自我”和家长的管教方式会加以否定并试图建构新的自我，以新的标准去要求父母。家长们对此无不感到叹息并觉得难以理解和忍受。有的母亲在叙述自己的苦衷时说：“我的女儿在小学的时候，每天都缠着我，滔滔不绝地告诉我在学校发生的一切事情。然而，升中学之后，竟变成了另一个样子。她有时候会自言自语地说些什么。

但是，每一次我问她说什么时，她就闭口不言。当我想接近她准备进一步问问她时，她便急促地跑进自己的房间。当我在房门口看看她时，她便以不满的情绪和眼神望着我并用力地把门关上。无论我怎样叫她、骂她，她都不理睬我，也不出来，好像她在自己的周围建造了一堵又厚实又封闭的墙。她在家里时，确实大部分时间都是关在自己房里，很少参加家人的谈话。”这是家长对青春期孩子的闭锁心理的一种典型反应。但是，孩子的这种闭锁性是怎样产生的呢？是不是一种必然现象呢？这是我们需要进一步探讨的问题。

我们先看看青春期孩子的一些心理状态吧。有位青春期的孩子对父母的“百事都管”的态度和方式是这样反映的。她说：“他们真讨厌，一点儿都不理解我。妈妈的神经好像特别粗，没有办法了解人家的心情。当我在一边思索问题一边吃饭时，她往往会啰啰嗦嗦地问学校或同学间的什么事情。当我说，拜托了，请安静一些时，她又去打扫清洁，搞得噼噼啪啪地响，并且说，你不是有时边做作业边听收音机吗？然后又说许多毫无关系、风马牛不相及的话来训斥我。当她训斥完后又要说‘妈妈都是为了你好，是关心和爱护你’，这真叫人为难。假如有人问我将来要做个什么样的人，我会说，我绝对不做像母亲那样的人。我实在希望能一个人独处，因为我要成为我所希望的人，而不希望有父母的介入。”我们从这位孩子的诉说中可以看到，她的闭锁在许多情况下是由于父母不理解她所造成的。父母一方面希望孩子长大成人；另一方面又希望孩子能继续像幼儿一样，整天围着孩子转，说这说那，做这做那。把孩子当做在玻璃缸中饲养的金鱼一样，什么事情都能被父母看得一清二楚，父母才放心和满意。然而，孩子则认为，如果不拒绝父母的这种啰嗦和温暖的照顾，自己就无法成为一个大人。所以便以抗拒、回避、封闭的态度去对待父母，希望个人独处，让自己独立地思索自己：现在的我是好还是坏，是美还是丑，将来应如何生活，将来应成为一个什么样的人。这样，就把自己完全装在一个封闭的黑箱中，让父母完全看不

到自己在想什么、做什么，竭力地逃避父母的监视和管制。过去一直满不在乎地把日记或其他东西随便乱放的孩子，这时期都一改常态，好像他的生活里有许多秘密似的不让别人知道。他的书包、作业不允许他人去翻，衣服口袋不愿意让他人搜，日记更是不让别人看而要锁在抽屉里。当父母闯进孩子的房里，孩子倘若迅速地将双手把桌面上的东西遮盖起来或者慌慌张张地放进抽屉里时，父母就会瞎猜：“这肯定有问题。”家长对这种现象很不理解并感到不安和疑虑，好像这些都是一种不祥之兆，为此怀疑孩子一定是有什么秘密之事隐瞒了父母。或是新交了异性朋友，或是在外面出了什么意外的事故，也可能是考试成绩不好等等。总之，这些行为使父母非常担心。因此，父母便采取像小偷似的手段，把抽屉打开翻阅孩子的日记本。但是，日记里写的都是些有关自己的缺点、将来的打算、朋友和同学之间的交往、父母亲的批评等完全没有必要非锁起来不可的秘密。有的孩子对父母的这种态度和行为感到可笑，也很有意思，便有时故意把空抽屉锁起来逗父母。他们为什么要这样做呢？一位15岁的男孩说：“父母主要的不幸就是仍然把我们当做小孩子看待。不能理解纷繁复杂的世界中，孩子们在想什么、做什么。总是坚信自己过去的生活经验是天经地义的、正确的，而不愿意听取孩子的意见，在彼此之间筑起了一道墙。”他们所反省、思索和保密的问题并非都是什么秘密，更没有什么不良的企图或像成人那样的所谓或真正的隐私，而是不愿意别人踏入自己的生活领域，要维护一个独立的自我和人格尊严并寻找一种“自我防御”的手段，或者是对父母的不理解所做的一种捉弄。其实，这个时期的孩子的这种表现完全是为了将来的独立生活所做的准备。

面对孩子的这种闭锁心理，有的家长认为这是无视长者的尊严，是不信任父母的表现。因此，采取“穷追猛打”，非要孩子公开不可的做法。结果只会引起孩子的不满，加深了“代沟”。本来在此之前孩子的行为是没有什么异常表现的，由于父母的怀疑、猜测、监视，孩子反而会因此感到人格和尊严受到损害而产生一种逆反心理，故意与父母作对，最后可能会在种种不良诱因的影响下走向越轨道路。可见，对于青春期孩子的闭锁心理所表现出来的隐瞒行为不应该去作种种不良的猜测。对事事都产生怀疑的父母，只会引起孩子的反感。所以，对孩子的怀疑是没有任何教育价值的。相反的，它只有害处。我们这样分析这个问题，并不是对孩子的一切行为都采取放任不管的态度，而是要采取正确的方法加以引导。事实上，有不少孩子在青春期仍然像过去孩提时代一样与父母保持密切关系，做到“无话不谈”。有的心理学家认为，青春期孩子的秘密并不是什么大不了的问题，重要的是父母应该视孩子为一个独立的完整的个人，表现出不侵犯孩子的独立自主性，尊重孩子个人的态度。如果可能的话，还要亲切地体谅孩子的心情，送给孩子可以上锁的保管箱，并告诉他，凡是你认为珍贵的东西都要好好保管。孩子的信件要原封不动地摆在他的桌上，不要以打扫清洁为名随意搜索孩子的所有物。当孩子感受到父母不仅可敬可亲，而且可信赖并可以得到真诚的帮助时，他的心扉就会向父母敞开。

当孩子的内心世界的大门向父母关闭时，并不等于他在心理上就得到了平衡。内心的焦虑苦闷和烦恼仍然希望得到释放。在这种情况下，他们一方面把写日记当做交谈的对象，把自己内心的一切都倾注在日记中，似乎日记就是他的知音，可以理解他的一切。所以，青春期的孩子中，几乎都采用写日记的形式作为调节自己心理平衡的一种手段。此

外，更为重要的一种手段就是在同龄人中去寻找能坦率相倾的伙伴。

孩子想摆脱父母的约束和监督的同时，渴求与同辈进行更多的接触和交流的要求很强烈。一般的规律是这样：青少年同家长的关系越不好，他越倾向于向同辈“开放”，与同龄伙伴交往就越频繁，越依赖于同龄人，在交往中越具有摆脱成年人的自主精神。他们希望在家庭之外与同龄人共同度过业余时间，乐意和同龄人谈论自己的兴趣爱好、理想、职业等。所以，在追求生活目标方面，受朋友的影响最大。据研究，少男少女与同龄伙伴交往有如下好处：①可以从伙伴中得到广泛丰富的信息。研究认为，人除睡眠之外，70%的时间是花在人际各种直接（和别人交谈的方式）或间接（书面阅读形式）的沟通上，而且直接沟通更为重要。科学家普赖斯认为，在那些激励每位科学家并成为其研究可能的情报来源中，约有80%来源于那些资料正式报道之前，通过非正式渠道从其他研究人员那里取得的。一些百般探索、苦思冥想找不到答案的灵感，往往会在偶然与人的交谈中突然得到了启示。②有利于心理健康。交往是维持人类心理健康的基本需要和手段，有利于满足人的合群的需要、归属感和安全感。科学家培根说：“当你遭到挫折而感到烦闷抑郁的时候，向知心挚友的一席倾诉可以使你得到疏导。否则，这种积郁会使人致病。”只有对于朋友，你才可以尽情倾诉你的忧愁与欢乐、恐惧与希望、猜疑与劝慰。肩上沉重的负担，只有通过友谊的肩头才能帮你分担。③有助于认识自我。马克思说：“人起初是以别人来反映自己的。通过别人对自己的评价可以更加准确地认识自我。”④有利于培养健康的性心理。异性间健康的文往，能增进相互间的了解，认识男女在生理上、心理上的差异，破除神秘感，有助于消除对异性的理想化和偶像化，在交往中还可以得到友谊和依赖，使情感得到升华。缺乏正常的异性交往，有可能形成心理压抑、病态和扭曲心理。⑤有利于个性的健康发展。在多维型的交往中，不同观点、性格、专业、年龄的男女青年具有各自的思维、个性等品质，在交往中可以得到相互作用、相互学习和补充，达到自我完善。在和异性的交往中，一般都能对对方的行为作出敏感的反应，及时调整自己的行为，使性意识置于人格之中和社会道德允许的范围之内，增强行为的自我控制能力，增强自身对他人的责任感和对社会的义务感，推动个体从他律向自律的转化，使个体的社会化能健康发展。

可见，少男少女的闭锁只是一种暂时现象，它必须向开放方面转化。否则就可能成为变态人格。身为家长，一方面要能理解孩子的闭锁心理，另一方面又要疏导孩子，能自愿地向他人敞开心扉，以达到心理平衡。

第三章　化"危险"为安全的家庭教育

我国的许多专家学者都认为，把少男少女看做是危机期的论点，实际上是把童年人向成年人的转变过于神秘化的表现。其实，少男少女不存在什么危机。少男少女的心理脆弱性与自我肯定系统的改造结合在一起的暂时性的个性不完善性，在某些场合可能会产生一些非规范化的行为，但是，在他们身上所出现的各种“失范”行为并不是必然的。应该看到，少男少女在这个阶段的不成熟性，是由他们在出生后的整个生活环境和教育特点所决定的，特别是与家庭教育的关系最为密切。因此，我们认为，少男少女们能否顺利地度过青春期到达成年人的彼岸，关键在于我们的社会是否可以给他们提供最优化的生活环境和教育条件，其中最为重要的又是孩子出生之后所进行的最优化的家庭教育。正是这样，近几年来，国家教委和全国教育研究会才特别强调要提高家庭教育的素质。

根据有关的研究和经验总结认为，要使少男少女能正确地处理好各种矛盾，安全地度过“危险”期，是涉及全社会各个方面的一个系统工程。需要采取“综合治理”的办法，由各方面通力协作来完成这个系统工程。化“危险”为安全，有许多有利条件：①我们是社会主义社会，具有先进的社会关系。社会的宏观环境在总体上为少男少女的健康成长创造了有利条件。从社会的微观环境——文化社区和家庭一般都能以社会主义的社会规范来塑造青少年。从社会的横断面看，虽然整个社会分为各个部门、系统和职业，但是，在根本的整体的和长远的利益上是一致的，不存在矛盾现象。这样就可以协调一致地去教育培养好下一代。正如陈慕华同志所说的：“一切为了孩子，为了孩子的一切，为了一切孩子。”就是这种新型社会关系的高度概括。②有青少年生理发展特殊性的研究成果为指导。生理学研究证明，青少年由于生长发育非常旺盛，新陈代谢急速，产生了许多新的需求，如物质需求、异性友谊的需求、活动的需求等等。因此，贪吃贪玩、好动爱斗、喜欢冒险等行为是一个人在生长发育过程中的特定阶段（即青春期）的一种自然现象。这就要求我们着眼于教育、引导，辅以必要的合理的限制管理，让他们懂得并学会如何控制自己的行为，不向危害社会和个人健康的方向发展。③以青少年心理学的知识为依据，可以有针对性地进行教育引导。青少年有其成熟发展的主导面，他们最积极热情、富有朝气、最爱学习、对新事物最敏感、最少保守思想。但是，也有其幼稚、不完善的一面，不论在认知能力，还是情感和意志、个性等方面，都存在着积极与消极的矛盾方面。有不少人并不了解青春期孩子在心理上起了多大变化，总把他们当做小孩子看待。尤其是母亲，经常说：“孩子小时候好多了，现在为一点小事就与大人争吵不休。”其实，成人认为的小事，在孩子看来却非同小可。他要把父母给自己形成的人格改变成为自己能认可的人。所以，看起来都是一些鸡毛蒜皮的小事，而在孩子内心深处却在进行着人格改造的变革过程。心理科学的知识就能帮助家长们更好地理解孩子内心的变动，从而采取相应的对策，做到“扬长补短”、“因材施教”。所以我们应该具有充分的坚定的信念，使少男少女的矛盾按照社会要求的方向发展。

一、爱的融化教育

爱是人类社会一种极为高尚纯洁的情感，它是人的行为的巨大推动力量。但是，父母对子女的爱有种种不同的性质和表现形式。它可以溶化一个人的情感冰雪，使孩子成为一个高尚的人，也可以吞没一个人的生命，或者让孩子变为一个社会的蛀虫。父母对子女的爱具有长效功能的特点，即父母对孩子的爱的性质和功效并非即时可以显露出来的。在孩提时代所接受的爱是否正确，往往到青春期之后才能充分地得到验证。所谓少男少女的越轨危险，只不过是孩提时代的教育失误的后效反应。所以，要“化危险为安全”的发展，父母从孩子出生之日起就要给孩子以科学的爱和教育。

据研究认为，目前父母对子女的爱有如下几种类型：①合理的爱。对于孩子生活学习中的正当合理要求尽量给予满足，一时不能满足的要求，要说明原因。对于孩子不合理的要求不予满足并讲清道理，让孩子能分清是非、好坏、善恶，形成自我控制能力。对于孩子既有温暖的爱和关怀，又有严格的要求和规范；既注意尊重孩子，又不能让孩子为所欲为；既让孩子有独立自主的活动机会，又不放弃必要的指导和帮助，做到爱与严相结合，爱得适度适时。②溺爱。父母视孩子为掌上明珠，对于孩子的一切要求都给予满足，百依百顺，吃、穿、用、玩应有尽有。父母为了满足孩子的欲望“可上九天揽月，可下五洋捉鳖”。在这种生活环境中，孩子从小就形成了自负、过于好胜、骄横任性、自私冷酷、缺乏同情心、不会理解和体贴他人、好逸恶劳、追求享受、缺乏社会责任心等不良品德。从小形成的这些不良品德一旦与独立自主性的发展相结合时，就会成为一个残忍和不道德的危险分子或者违法犯罪分子。③打骂的爱。当子女达不到父母对孩子过高的期望时，父母会产生一种“恨铁不成钢”的心态，平时对于孩子的行为干预过多，多采取禁止、监督或指责训斥的态度，认为好是应该的，没有必要肯定表扬。但是，当孩子不听家长的意见、要求时，或有了一些过失，或出了一些越轨行为时，却认为不可原谅并给予种种体罚，轻则骂一顿，重则拳脚相加。压抑孩子的兴趣爱好和独立性的发展，一味要求孩子听话，按父母要求的方向发展。父母自认为是对孩子的爱，是为了孩子好。实质会使孩子产生恐惧心理和对立情绪，感受不到家庭父母的温暖和爱，形成一种冷酷、粗暴、孤僻、虚伪、撒谎、倔犟、失去上进心等毛病。孩子进入青春期后就有可能出现一些反社会行为。④放任的爱。认为孩子小，不应该有什么约束和压抑，否则就会影响孩子个性的发展。认为给孩子的一些限制会使孩子感到痛苦，是让孩子受罪。信奉“树大自然直，人大自然成”的自发成长的观念，允许孩子有无限的自由度，想干什么就干什么。结果孩子养成了为所欲为的习惯，任何人的话他都听不进去，任何规范对他都无约束力。长此以往便形成了无法无天、胆大妄为的不良性格，一旦进入青春期，出现了各种新的强烈需求时，他就会不顾一切地采取非法手段去满足自己的私欲。⑤护短的爱。爱子之心人皆有之。但是，有的家长对于自己的孩子会采取过分的原谅、迁就的态度。孩子在家里有了不是，不给予指出和批评，认为“年纪小、不懂事”而轻易放过。孩子在外面惹了祸，有了过失，人家来告状时，不是向他人赔礼道歉，而是强词夺理，包庇纵容孩子的过错。结果使孩子形成一种错误的认识：认为有了过失没有关系，家长不仅不会惩罚，相反地会为自己打掩护。家长这样做，实际上是鼓励和强化了孩子的过失行为，使孩子的胆子越来越大，导致过失行为发展到犯罪行为。⑥单亲的爱。主要指父母离婚或一方去逝后另一方未再婚的家庭。单亲家庭又被称为破损（碎）家庭、离异家庭。在这种家庭环境下生活的孩子，由于受各种不同的“单亲”的爱这一独特的心理环境影响，也可能形成各种各样的人格特质。对于孩子的成长来说，父母各有自己的教育功能，并从不同的社会角色的角度去影响孩子成长。所以，良好的家庭、父母都不可缺少，也不能

代替。有人认为，子女的性格主要靠有权威的父亲的影响。在家庭里，父亲是权威和能力的象征，能帮助孩子树立起生活的信心与形成克服困难的能力。缺少父亲，孩子难于树立坚强的自信心，可能成为懦弱的人。如果只有母亲而没有父亲做“保护人”，母亲就会担心孩子在外受欺，而缩小孩子的生活空间，使孩子变得胆小怕事、孤僻。或母亲因失去丈夫而增强孩子的依赖性。在一些名义上的双亲家庭，实则“妻管严”、“妻主教”的家庭，由于父亲没有应有的地位和权力，也可能使孩子形成类似单亲家庭所带来的某些不良特质。另一方面，孩子高尚的情操、善良的美德、丰富的情感则要靠温和柔韧性格的母亲来塑造。母亲对孩子的照顾，在交往中所给予孩子的爱和温暖的情感，可以培养孩子同情、友爱、助人、自尊、信任的品质。若失去母爱，则会形成缺乏同情心、不友善等不良人格。所以，单亲家庭对孩子来说是一种有缺陷的环境。但是，一旦父或母处于“单亲”的情境时，其原有的“双亲”心态又会发生变化，以失去的另一方的教育功能来补偿自己的不足，即用“单亲”的身份去承担和完成“双亲”的教育职能。尽管如此，“单亲”毕竟是一种客观存在的现实。它会渐渐地使人产生一种心理变态，或者失去理智的调控，过分严厉地对待孩子，提出种种苛刻而不实际的要求；或者放任自流，不给予指导和帮助，让孩子的本能欲求泛滥，使孩子流浪街头，加入不法团伙。⑦爱的缺失。虽然身为父母，但对孩子不给予任何的爱，孩子所得到的只有虐待和凌辱，这种情况多出于寄养家庭或重新组建的家庭。由于我国的文化传统中有着强烈的血统观念，身为父母者对于非亲生的子女总是有一种心理障碍，阻碍他们去真诚无私地爱孩子，更有甚者，不仅没有爱，而且还虐待。爱是每个人都不可缺少的。如果在家庭中失去了父母的爱，他就必然到家庭之外去寻找和满足。由于失去了爱，在心灵中会形成冷酷、残忍、好斗的不良人格特点。在这种情况下，一旦被不良分子所引诱，给予“关怀”和“温暖”，他就会毫无保留地加入坏人的行列。

我们从前面的分析中可以看出，父母对子女的爱是一种融化教育。然而，不同性质和形式的爱，融化在孩子身上之后，便会在孩子身上产生各种不同的行为效应。为了使孩子能顺利地度过青春期，父母对子女应该采取合理的科学的爱，而不是无爱或者偏离孩子社会化所要求的不合理、不科学的爱。

二、良好人格的训练

孩子到了青春期所出现的所谓危机，无非是在儿童早期形成的偏态人格的进一步恶化而可能导致的越轨行为。我们从国内外大量的有关青少年犯罪的调查研究资料中可以看到，青少年的犯罪行为中不论是杀人、放火、抢劫、盗窃，还是斗殴、打架、强奸等犯罪行为，大部分都与其人格异常有密切的关系。例如，本能性欲求、自尊心、虚荣心强烈而自我控制能力差，对人冷酷残暴、情感易冲动等都可以直接导致犯罪。我们还可以从青少年自杀者身上看到类似问题。自杀者可以分为两种类型：一是利己主义的自杀，为了逃避个人的危机或解决个人的问题而自杀；二是失范型自杀，当一个人处于社会动荡环境中，由于精神压力过大或悲观厌世，对生活产生了绝望而自杀。不论是哪一类型的自杀都与其人格异常有关，他们共同的人格弱点有：①耐受挫力极差。一般青少年都热爱生活，有强烈的自尊心和上进心，但是这部分青少年虚荣心较强，而适应社会生活的能力较差，面对困难和挫折就束手无策，甚至感到极大的痛苦并难以忍受，特别是遭到严重的失败或打击时，精神上完全崩溃，最后以自杀作彻底的解脱。②自卑心严重。有的青少年由于生理上有某些缺陷或者在个人婚姻上受挫、家庭变迁、升学失意、父母指责而形成一种自卑内向的性格，心理上失去平衡，在日常生活中表现为焦急、忧虑、灰心丧气、抑郁寡欢、自暴自弃。一旦受到外界的强烈刺激，就会感到绝望而自杀。③冷漠孤僻。自杀者多表现为人际关系冷漠、对社会群体有一种离心力，不合群，不善交，不愿参加集体活动，性格怪僻。当生活中有不顺心的事或受到打击时，既缺少能够宣泄、迁移的对象，又没有得到他人的安慰与同情，不满情绪会越积越重，最终产生了轻生的念头。④抑郁多虑。自杀青少年往往都是心胸狭窄和多虑者，对一些异常现象特别敏感，有一点委屈都长时间记在心里而闷闷不乐、郁结于胸，失去生活的信念而自杀。⑤悲观厌世。由于缺乏社会阅历，用理想主义的眼光来要求现实社会，一旦发现和接触到社会生活的弊端和阴暗面而受挫时，就感到茫然和失望，认为社会欺骗了他，便产生失落感而轻生。上述种种不良人格都是在幼年时代开始形成，到少年期才趋于稳定的。所以，家长为了让孩子能安全顺利地度过青春期，首先应重视对孩子进行早期人格的训练，从小就形成良好的健康的正常的人格。在某种程度上讲，预防青少年出现犯罪行为，最主要的是从小就要开始做好预防人格障碍产生的工作。

为了帮助家长做好预防工作，有必要将人格障碍问题作些介绍。

所谓人格，就是指一个人所具有的比较稳定的生理与心理特质和行为方式。它主要包括一个人的生理素质、性格、气质、兴趣、情绪、意志、信念和道德观、荣辱感等方面所具有的本质特征。人格障碍是导致少男少女发生危机的基本因素。人格障碍的表现与常人不同，它的基本特征有：①从婴幼儿起开始形成，到了少年期已相对稳定，在青春期后有可能深化、发展；②性格的极端性和不协调性；③情绪波动大，情感极不稳定，肤浅、残忍、冷酷，但智能正常；④自制能力差，行动富有盲目性、冲动性、破坏性；⑤对于人格障碍所招致的挫折，以致惩罚都不能从中吸取教训；⑥单纯采用药物治疗法或惩罚手段无效，采用心理治疗或综合治疗的效果较好。

研究认为，人格障碍的行为表现主要有：①从幼童起就有调皮、不听劝告、对人无礼、对同伴不友好、说谎、好攻击人、有破坏行为等不良习惯。上学后则有逃学、游逛、违反校纪校规、学习成绩不良或留级、退学、开除等异常表现。②情感淡漠、贫乏、肤浅、残酷、变化无常，家庭关系不十分亲密和谐，不合群，人际关系不好，朋友关系不稳定，不通人情。③极端自私自利，利己行为表现得非常露骨、突出，毫无顾忌，为了自己的一点小利而不惜牺牲他人或集体、国家利益，只顾自己，不顾家庭，更不顾同学，很不诚实，经常撒谎、欺诈，人际关系中没有信誉，不守信用，不堪信任，说一套，做一套，毫无责任心。④不讲道德、缺少伦理观念，缺乏羞耻感、荣辱感；是非不分，颠倒黑白，经常诡辩，不会从挫折和失败中吸取教训，甚至明知故犯，屡教不改，不知悔恨。⑤不能适应正常的学习，时冷时热，不能坚持，常常是虎头蛇尾、半途而废；虽然经常变换学习或生活环境，仍然一事无成，在学校班级中是不受欢迎的人。⑥思维能力偏离正常，分析综合缺乏耐心细致，判断推理草率马虎，常出差错。⑦行动缺乏明确的目的性、计划性、周密性，常有越轨行为，如斗殴伤害、交通违纪、偷窃等。⑧生

活自由散漫，流氓成性。白天不上学不归家，逃学在外，出走离家混日子或进行非法活动。⑨有不正当的两性关系。⑩缺乏自知之明，不承认自己有异常人格。上述人格障碍的10种表现并不是孤立发展的。它们之间往往是彼此相互交替和相互制约的。所以，在判断孩子是否具有人格障碍问题，要从多方面加以考察。不能只看到某一方面的或偶然一次的表现就认定孩子是异常人格。特别应该重视的是，家长必须从小就要防止或矫正孩子的这些不良行为。虽然人格障碍产生的原因与遗传因子、大脑发育成熟水平有一定关系，但是，最重要的还是从小所受到的家庭教育的影响。因为儿童期具有巨大的可塑性。在这个阶段，家庭的影响会给孩子日后的生活留下极为深刻的痕迹，能对儿童身心健康成长起着关键性作用。良好的教育可以防止和矫正偏离正常人格倾向的发展，不合理的教育则可能促进异常人格的形成和发展。从家庭教育的特点来说，父母基本的责任就是要教孩子学会做人。所以，家长要把孩子的人格训练作为家庭教育的首要任务来对待。只有这样，才可能使孩子到了青春期时不会出现"危机"。

为什么解决青春期危机问题要从人格的早期训练抓起呢？常言说："3岁看大，7岁看老。"不少人也强调："3岁左右形成的习惯将会影响终身。"国内外的许多专家学者都十分重视孩子早期的人格培养。如英国空想社会主义的代表人物罗伯特·欧文创办了一所"性格形成新学院"。他认为教育可以使人形成良好的性格，从而改变社会的面貌，并坚信儿童必须从最小时开始培养，才会收到真正的效果。奥地利精神分析学创始人弗洛伊德指出："儿童发展的早期经验将成为决定个体日后行为方式的重要因素。婴儿期对一个人性格的形成有非常大的作用。特别是婴儿受到挫折的时候，这种早期的心理挫折对他的性格会产生终生的影响。因此，婴儿期是人生非常重要的时期。"苏联教育家、列宁的夫人克鲁普斯卡娅说："童年时代的一些印象，会在人的一生之中留下痕迹。要在儿童生活的最初几年里，非常细致地深思熟虑地对待他们的教育。”苏联教育家马卡连柯说：“正确合理和适合标准地教育儿童，比再教育工作容易得多。从年纪最小的幼年起，合理地教育儿童并不是困难的事情。每一个人，只要真正愿意做这样的工作，要很好地教育自己的孩子是极容易的事情。关于再教育就完全是另一回事了。如果不能够合理地教育自己的孩子，稍有疏忽，对孩子不关心，那么就可能教孩子懒惰起来，放纵起来。到那时再去矫正就必须下很多工夫了，需要更大的力量，更多的知识，更多的耐心。”他的话说明，孩子早期就要进行正确的人格训练，而不能在形成不良人格后再去改造。日本教育家井深太也认为，管教就是使孩子养成一种习惯，只有在3岁之前这个“模式时期”严格管教才有效，在这个时期若形成了坏习惯后再管教就困难得多了。我国现代著名幼儿教育家陶行知先生认为，“5岁以前形成的习惯是最重要的。”陈鹤琴先生说：“幼稚期（自出生至7岁）是人生最重要的一个时期，什么习惯、言语、技能、思想、态度、情绪都要在此时期打下一个基础。若基础打得不牢固，那健全的人格就不容易建造起来。”

当代许多实验研究也证明，人的一切社会性行为并非先天生就的，而是在后天环境的影响下学会的。这种学习并不是像传统教育观念认为的那样，到了幼儿园或小学之后才开始学习，而是在孩子出生之日起，通过与父母和他人的交往过程就一直不停地在学习。这种学习有的是受大人的行为榜样的潜移默化的影响而无意识学会的；有的则是在大人的教诲训练的过程中有目的、有意识地学会的。一个人的行为习惯形成的最佳期是在儿童时代。所以，这个时期学到的行为方式最牢固，对日后的影响最大。因为一个人的心理发展是有连续性的，儿童早期萌发的人格雏形是成人人格形成的基础。人格的发展与智慧的发展一样，都有共同的一些模式和大致趋势。就人格的发展来说，一般人的社会性行为发展的性质和方向基本都是遵循着从利己的方向向利他的方向发展、从他律向自律的性质而转化的。每个个体的社会化过程都需要完成这两个转化。如果这两个转化在儿童期未得到实现，到了青春期就可能出现危机和严重的反抗。如果在儿童期能采用合理的教育训练，孩子就可能比较好地实现这两个转化，人格就可能发展得比较完善和稳定，所谓的青春期危机就可以避免发生。

社会因素是极为复杂的，有积极的和消极的两大类。而各种消极有害的社会文化因素对于不同个体所产生的侵袭作用是不同的。年龄越小，认知水平越低，人格发展越不完善者就越容易受到侵袭并产生严重的后果。正如我们前面所述，儿童期的可塑性大，加上孩子在儿童期的社会认知水平不高，不易辨别比较复杂的社会现象，而本能需求的欲望又比较强烈，而抗腐蚀能力和自我控制能力较弱。在这种情况下，一旦受到社会环境中的不良诱因的吸引，就有可能上当受骗。因此，我们要特别注意在少年儿童中加强反腐蚀教育，做到先入为主，防患于未然。

儿童人格的中期训练并不能像知识学习和智力训练一样，有一个比较全面系统、明确具体的大纲可循。但是，也不是一种完全不可计划的自发性活动，而是可以根据不同年龄儿童的生理与心理发展特征和社会化过程的要求以及孩子自身的特点，在不同年龄阶段提出不同的要求，提高其道德认识水平，丰富其道德情感，锻炼其道德意志和良好的个性品质。儿童人格的早期训练并不是以说教的方式可以完成的，而主要是通过家庭日常生活、游戏和交往等学习活动来实现的。因此，在各项活动中都要考虑到如何充分调动孩子的主动性、积极性，而不是完全采取强制的手段逼迫孩子去从事有关活动。强制的办法不仅会降低孩子的积极性，达不到预期效果，有时还会导致孩子的对立情绪和逆反心理，带来负效应，形成不良的人格特质。因为人格训练活动效能的高低是以主体的积极性自觉性水平的高低为转移的。

在孩子人格训练中，家长要通过恰当的方法让孩子乐意与家长配合。但是，许多家长往往沿袭家长制的作风，不能平等地对待孩子，而是采取“我训”、“你服”的命令、训斥的态度和办法，结果引起孩子的

不满情绪。对于孩子的人格训练，不能要求过高过急，要秉着循序渐进、由易到难、由简到繁的原则。既不能太难，也不能太容易，让孩子通过一定努力可以取得成功并给予肯定、表扬和鼓励。这样便可以激励孩子自觉重复锻炼的积极性，逐步养成良好的行为习惯。相反地，每次训练都不能达到要求或失败时，孩子可能会失去进取的信心，产生自卑感或自暴自弃。人的行为有趋避两类，趋向行为训练的要求是让孩子学会与社会行为规范相符的行为。回避行为训练的要求是让孩子学会回避或控制与社会规范要求相背离的行为发生。趋向行为训练要让孩子能成功并给予肯定性强化。对于回避行为训练则要让孩子从失误中吸取教训，对于有意的过失则应批评或惩罚。但是，这种惩罚要理智，不能感情用事，必须做到适时、适度、合情、合理。有的家长对孩子的错误无休止地唠唠叨叨说个不停，或者总是算老账，认为以这种办法去提醒孩子记取错误可以加深孩子对错误的认识，提高行动的自觉性，避免重犯错误。其实，这种方法的效果是因人而异的。有的人可能有效，有的人可能无效。

儿童人格早期训练是一门教育艺术，要根据儿童的认知、情绪等方面的形象性、具体性等特点来组织。为了让孩子的人格训练取得较好的效果，还应注意：①在家庭日常生活的各个方面，特别是游戏玩耍活动中要有目的地渗透训练因素，这样便可以让孩子在自然情境下得到教育并留下深刻的印象。②在训练时要给予必要的具体指导，使孩子从切身体验中知道哪些是对的，哪些是不对的，哪些是允许做的，哪些是不允许做的。从而形成与社会规范相符合的道德观念，并以此来指导自己的行为。③要给孩子提供各种良好的学习榜样。由于儿童的模仿能力强，而辨别是非的能力弱，家长必须选择好的榜样（包括父母自己的模范行为）供孩子学习。因为孩子往往是从成人的行为中得到启示的，而不是听成人的说教如何。我们说的榜样不单是父母和家庭中的成年人，也包括老师、邻居、伙伴、科学家、创造发明家、英雄模范人物或文艺小说、电影电视中的主人公等。

总之，化“危险”为安全的教育，首先要抓好早期教育，特别是早期人格训练。幼儿期培养的人格和品德的好坏，就像一颗好坏种子，直接关系到将来的生长发育水平。优良的人格和品德可以随着年龄的增长使一个人能在适应社会的过程中成为一个德才学识全面发展的人才，为社会做出巨大贡献。如果是人格和品德不良，则到青春期就可能出现严重危机，甚至成为犯罪分子。所以，解决和防止青春期危机必须从早期人格训练抓起。儿童在社会化过程刚刚开始时，我们就可以对孩子在生活、娱乐中渗透理想前途教育、纪律教育、道德教育、帮助其初步明确人生价值的意义，萌发正确的人生观、世界观，安分守纪。如果我们认为孩子小、不懂事，长大了再说，对孩子人格上的本能需求不加以约束，放任自流，孩子到了青春期出现危机现象就不可避免了。

三、正确地对待孩子的需求

人类个体的行为都是为了满足个体的某一方面的需求而所作的努

力。例如，吃饭的行为是为了满足人体饥饿而产生的进食的需求；穿衣的行为是为了满足个体保暖、防冻和美观的需求；接触异性身体的行为是为了满足性欲和情感的需求。可见，不同的需求便有与之相适应的不同的行为目标。例如，前面所说，吃的需求目标是食物，穿的需求目标是衣服，性欲需求的目标是异性。所以，从某种意义上说，我们的教育要培养孩子良好的人格和行为习惯，也就是要培养孩子具有合理的需求和采用合法的手段去满足自己的合理需要。同样地，我们在分析孩子的不良人格和行为习惯时，则要从他具有不合理的需求和非法手段等方面进行一些探索。

马克思主义者认为，从人的需求发展的层次上看，人类的需求基本上可以分为生存的需求、发展的需求和享受的需求三大类。生存的需求包括食欲和性欲。我国古代常言“民以食为天”、“食色性也”。这说明吃饭是人的最重要的需求，是第一大事，吃饭和结婚是人的两大本性，是人的行为的基本动力。然而，人类除了生存的初级需求外，还必须有发展的需求，享受的需求。不然，人类社会就不能继续前进和发展。我们的学校教育、科学技术就是发展需求的典型，文化艺术就是享受需求的典型。发展和享受的需求都属于人类所特有的高层次的需求。如果从需求的形态上看，人类的需求还可以分为物质的需求和精神的心理的需求。例如，吃、穿、住、行、用等可见的东西的需求属于物质的需求。一个人的安全感、求知欲、归属感、荣誉感、成就感、友谊与爱情等则属于精神的心理的需求，是人类所特有的高级的需求。

在一般情况下，低级需求是高级需求发展的基础。高级需求是在低级需求得到基本的满足之后才可能得到发展的。例如，只有在能解决温饱的物质的生存需求基础上，才有可能讲究如何吃好穿好及精神上的享受等的需求的问题，才有可能去谈到发展更为高级的需求。但是，这也不是绝对的，在某种特殊情况下，高级的精神需求又可以影响、调节控制低级的物质的生存的需求。在基本的生存的物质需求极端困难的条件

下仍可以去追求高级的精神需求的满足，甚至可以达到牺牲基本生存需求的程度。中外历史上的一些科学家为了科学的发展或革命先辈为了祖国正义事业而献出自己宝贵的生命就是最好的例证。正如革命先烈夏明翰所说的："砍头不要紧，只要主义真。杀了夏明翰，自有后来人。"就是以高级精神需求控制调节低级需求的典范。

对于人类个体来说，前面两种需求的分类只是相对的。各种分类之间没有绝对的界线。例如，人的生存、发展与享受的需求，在现代社会中，它们往往是相互渗透和交替的。吃是人的生存需要，但是，现在不仅是要吃饱的问题，而且还要求吃得好，讲究菜肴的色、香、味。这种色香味的需求就包含有发展和享受的需求。穿衣属于生存的需求，但是，现在人们不但要求穿暖，而且还要求穿得漂亮得体。这就有美的享受的需求。同样，性欲求既有生存发展的需求，也包含着爱情和享受的需求。从形态上分为物质与精神心理两大类的需求也是相对的。在衣食住行方面既有物质需求的因素，也包含精神需求的因素。例如人们要求吃好、穿好、住好就体现了人们在精神心理方面的需求。在许多情况下，精神的需求满足也要以物质形式加以体现。如文艺方面美的享受，要有演员及有关道具设备等物质为载体；成就感的需求要以自己的成果作品为物质载体；友情也往往以一种物质形式体现。常言说：“千里送鹅毛，礼轻情意重。”恋人之间的一颗红豆、一束头发、一片红叶均可传递情人的爱恋之心。

在个体的生存、发展和享受的需求系列中，也可以看到有物质和精神心理需求的因素。同样，在物质与精神心理需求系列中，也可以渗透着生存、发展、享受的需求因素。一般学者认为，大致上可以这样说，物质的需求多属于生存的低级的需求，精神和心理的需求则属于发展和享受的高级的需求。但是，这也不是绝对的，物质的需求也可以有发展的、享受的高级需求；精神的心理的需求也可以有物质的低级的需求因素。我们对个体需求进行分类和分析它们之间的关系，目的是为了让人们了解不同的需求有不同的目标和行为表现，具有不同的动力功能，不同形态的需求在一定条件下又是可以相互转化的道理，便于正确地处理孩子的各种不同的需求并引导孩子的需求从低级水平向高级水平发展。

人有自然性和社会性需求。但是，人既不可能完全脱离自然本能的欲求，又不能完全为自然本能欲求所左右。人的社会性欲求应该成为人的最重要的占主导地位的需求。不论是人的自然性的本能需求的满足，还是社会性的高级需求的满足都需要正确认识和处理好如下两个问题：①需求的合理性问题。生理的需求和精神的需求亦有一个是否合理的问题。例如，解决基本的温饱是合理的。正是这样，我们的社会才极力解决人们的就业问题并大力发展生产和社会福利救济事业。但是，脱离本人的实际可能条件去追求高档次的生活，这就属于不合理的需求。我们不主张超前的高消费就是这个道理。青少年在性成熟后出现性欲求和求偶的需求是正当的。正是这样，我国的社会各方面才千方百计地帮助大龄青年解决婚恋问题。但是，一旦一个人完婚之后，如果想进行婚外恋或婚外性行为就属于不合理、不合法的需求。青春期的少男少女由于性成熟未完成，而且还未达到国家规定的结婚年龄时，发生两性性行为或少女怀孕都属于不合理的需求行为的表现。②满足合理需求的手段是否合法化问题。正当合理的需求在条件允许时则应采取合理合法手段去得到满足。例如，你肚子饿了，自己做饭吃，或用钱上餐馆吃都是合理合法的。到了结婚年龄，男女恋人双方去登记结婚以消除性紧张是合理合法的。你想在社会上取得一定的荣誉，依靠自己努力学习、工作和研究拿出成果去争取社会的认可是合理合法的。许多事物由于受到种种主客观环境条件的限制，在一定时间和一定条件下是不可能或不允许得到满足的，而要等到条件成熟时通过合理合法的手段才能得到满足。这就需要个体用意志力去控制欲求的冲动。如果你不能控制自己的欲求，而无视社会法规和道德，采取非法手段去满足，则是过错或犯罪行为。例如，你想吃东西，而没有钱买便去抢劫、偷窃则属于非法的。有了性欲求而以污辱、猥亵或强奸异性的手段去满足也是非法的。至于不合理的需求采用不合理的非法手段去满足更是错误的。作为家长，不论是对儿童期还是青春期孩子的需求都应该正确认识和处理好是否合理以及手段是否合法这两个重大问题。对于其合理需求，在条件允许时应尽量给予满足。若是条件不成熟，应给孩子讲清道理并使孩子学会等待、控制自己的欲求和行为。为了锻炼孩子的自控能力，在必要时还可以用延期满足的方法去培养孩子的意志力。对于其不合理的需求必须讲明不能满足的道理，让其初步懂得是非好坏。对于孩子用不合理和非法手段去满足需求（不管这种需求是否合理）的行为都应该给予批评或者惩罚，不应该以“孩子小，不懂事”或“就是这一回，下次可不允许”为理由而原谅孩子的过失。否则，就会让孩子在第一次过失中得到成功的体验并尝到了甜头，将不可避免地还会有第二次、第三次、第四次……孩子的坏习惯和不良行为就此铸成了。

人的需求是一个动态过程，都是在不断地运动变化中得到发展的。新的需求满足了，又会产生其他形式的新需求。我们国家所确定的生产方针“最大限度地满足广大人民群众不断增长的物质生活和精神文化生活的需求”就是根据这个需要理论提出来的。具体到个体来说，一个人在不同的情境条件下有不同的占主导性的需求，其他需求便处于从属的次要的地位。例如，当一个人在没有饭吃的情况下，他绝不会有上学求知和文艺生活享受的需求。在这种情况下，生存的基本需求成为他占主导地位的需求，而其他方面的需求则处于从属和次要的地位。例如，当一个人把实现高尚的社会理想放在第一位时，这种高级的精神需求的满足则占居主导地位，其他一切需求便处于从属次要的地位。如前所述，许多革命先烈为了实现革命理想而抛头颅、洒热血都在所不惜就是典型。儿童期的孩子以游戏为主导性的活动，因此，充分利用游戏这种方式对孩子进行教育就可以取得较好的效果。当孩子产生某些不合理的需求时，可以利用他所感兴趣的活动加以调节，因为他感到兴趣的活动便可以成为占主导地位的需求并能掩饰其他的不合理的需求。对于青春期的孩子，一方面要注意有意识地创造条件诱发其正当的占主导地位的需求；另一方面则要注意尽量避免一些不良诱因的影响，防止孩子出现不正当不合理的占主导地位的需求或者采用非法手段去满足其需求。在这里，我们介绍一下“科学领域的一颗童星——特沙的父母如何发展特沙的主导性需求的经验”，这对于青春期孩子家长是很有启迪的。

特沙是美国潜心追求科学研究的16岁的少女。14岁时在美国加州理工学院从事艾滋病病毒的研究，15岁时就发现了一种氨基酸。据她的导师说，这种物质最终可能帮助防止高血压。1990年16岁的她，作为圣加夫列尔中学的学生，囊括了县、州、全国和国际的科学博览会生物竞赛之冠。她还获得一万美元的奖学金和加州专业科学家协会的一项奖。现在她已准备上哈佛大学读化学和天体物理专业。她不仅把科学研究作为主导性的需求，而且其他方面的需求也是广泛和合理的。她是中

学排球队第一队队员，小提琴拉得不错，是高中三年级学生会主席。特沙到了青春期为什么没有像有的人说的那样出现危机呢？这不能不回头看看特沙的父母对她的教育引导。特沙的父母教育有方，早在特沙上小学的时候，父母就创造条件让特沙经常在自己家里搞一些栽培试验，她经常不断地提出“如果怎样怎样，结果将会怎样怎样”的问题。然后通过自己的实验来寻求答案。12 岁时她就为当地的一次科学博览会准备一批酸雨样品，并浇在建筑材料上试验其反应。13 岁时她就对地下水污染问题进行研究。她在完成学校的作业、写作或打排球后就参加各种科学活动。父母鼓励和支持她参加洛杉矶的暑期班和到加州理工学院去学习。这些科学活动极大地激发了特沙对数学和科学的好奇心。从上面的简单介绍中可以看出，一旦追求科学成为特沙的主导性的稳定的需求后，其他的需求和兴趣也就从属并服务于主导性需求了。可见，一个青春期的孩子，什么东西成为他的主导性需求，做家长的要从儿童期就进行引导。这样，才可能在青春期成为左右孩子行为的基本动力。

在个体发展的不同年龄阶段，占主导地位的需求也会发生相应的变化。我们的家长掌握了这种知识就能针对不同年龄的特点加以引导。例如，婴幼儿期的孩子，生理的需求和活动的需求占主导地位。如果家长能把智力开发、人格训练和品德培养渗透到孩子的生理需求和活动需求之中去就可能取得较好的效果。如果与孩子的这种主导性的需求相背离、冲突，效果就可能比较差。孩子到了儿童期，求知需求占主导地位。他的兴趣爱好和所提及的种种问题，几乎都与求知需求相关。如果把智力开发、人格训练和品德培养渗透并结合到求知活动中去进行，不仅孩子的求知欲可以得到进一步深化并发展为科学兴趣，人格和品德的需求也可以纳入到追求科学的这种主导性需求的轨道上来。到了青春期，由于孩子的性成熟和性意识的形成及独立自主性的发展，其主导性需求的发展变得更为复杂和不稳定。这个时候可能出现的占主导的需求有求知需求或交友的需求或性欲需求。青春期的少男少女将会作出哪种选择，取决于他在儿童期所形成的稳定的主导性需求的性质和当时的亚文化环境（包括居住区、家庭、学校和同龄朋友）的性质及其影响。主客体这两个方面都是重要的变量因素。若是两个变量的性质都是正的、积极的因素，孩子则可以按社会化要求顺利发展。假若是一正一负，一个属积极因素，另一个属消极因素，是要看哪一种性质的因素的吸引力大并占主导。如果是消极因素大于积极因素，孩子就潜伏着危机，有可能被引上歧途。如果主客体都属于消极性质的因素，孩子越轨就不可避免了。

还应该引起重视的一个问题就是要给青少年创造良好的心理环境，使其自尊心和人格得到正常发展。如果自尊心和人格尊严的需求没有得到满足，也可能导致越轨行为。在给越轨和犯罪行为定性时，行为方式起着相当重要的作用，即满足需求的手段是否合理合法的问题。为了满足合理需要而采用非法手段，有可能导致犯罪。不同的非法手段，其罪行的性质和轻重也会有所不同。而犯罪者的行为方式往往是受其心理环境所影响的。例如，北京郊区有一位少年，因为外貌长得丑陋，村里人都叫他“八戒”。他小时候并不在意。但是进入青春期后，随着性意识的发展，“外貌不美综合症”的出现，他在十三四岁之后，对于“八戒”的称谓感到十分恼火，认为这是对他人格的污辱和自尊心的损害。在一次偶然机会看了电影《王子复仇记》后，燃起了他早已潜伏着的对污辱他的人格、损害他的自尊心的人的复仇心理。在思索过程中，他想起了前几年村边河里曾捞起一个被害的小女孩，一直未查出陷害者是谁。他立刻顿悟到：杀人后如果无人知道，可以逃避惩罚。如果把人打伤了，自己还得挨打，划不来。于是，他的复仇心理中便萌发了杀人的念头。一天，邻居的两个小孩又叫他“八戒”时，他就将他们骗到一口机井房里，用石头把两个小孩砸死了。在这个案子里，作为该少年的心理环境的《王子复仇记》和被害小女孩的凶手未被抓到，对他实施犯罪行为方式就起了很大作用。当然，推动他去犯罪的原因还是出于自尊和人格尊严的需求。可见，家长要正确对待儿童期孩子的需求，让孩子从小就懂得什么是合理的需求并且学会运用合理合法的手段去满足自己的需求，才可以为防止或消除青春期危机打下基础。

个人需求与客观现实可能性之间所引起的矛盾在青少年时期更为突出。随着身体的生长发育迅速、性意识开始形成、活动范围更为广泛、内容更加丰富、所承担的社会角色也越来越多、人与人之间的交往比以往任何时候都多、人与人之间的关系也比以往任何时候都复杂的这些变化，必然会引起他们需求的结构方面的变化。突出地表现为追求更高的物质需求，产生追求接触异性的欲望、独立自主、自尊、归属、成就等社会性需求更多、更迫切。然而，这些合理的需求不能超越客观现实的可能性，不能违反社会道德和法律规范的要求。至于一些不合理的需求则更要受道德和法律的约束。否则就有可能导致他们犯罪。有人对一些犯罪青少年进行研究后概括地指出，他们的基本需求就是追求吃、唱、穿、戴的享乐主义物质占有欲、恶作剧等方面强烈的奢欲和恶习。例如，被利己思想驱使而犯罪的占被调查青少年犯罪总数的 66.1%。受到个人占有欲支配犯罪的占 48.7%。受到“我想得到的就要想方设法得到”的思想支配而犯罪的占 78.2%。强烈的个人英雄主义的首领欲，表现为自命不凡、好表现自己、争强好胜、狂妄自大、目空一切、妒嫉别人、称王称霸以首领人物为荣的占 47.3%。喜欢做让别人佩服的事的占 41.5%。强烈的性欲、迷恋异性、追求性刺激、把发泄性欲当做人生追求的最大目的和快乐、抛弃道德约束、无视纪律限制、放荡、淫乱、耍流氓、强奸妇女等现象也相当严重。

面对青春期孩子种种复杂多变的需求，更要慎重地以“合理性”与“合法性”为标准去衡量和对待。特别是对于不合理的需求，不能从“可怜孩子”的情绪出发，迁就孩子。否则，不合理的需求就会“得寸进尺”，不可收拾。对于采用不合理不合法的手段去满足个人欲求的行为必须加以制止和批评教育，甚至惩罚。绝不能姑息养奸，原谅孩子的过错。如果总是抱着“家丑不可外扬”的态度，不积极主动与学校老师配合或抱着良好的主观愿望，希望孩子自己去改正过错的态度和做法，孩子的不合理需求和用非法手段去满足私欲的行为就会越来越严重。这样下去，实质上是怂恿和坑害孩子，而不是爱孩子。家长到孩子违法之时，则悔之晚矣！

四、高尚理想的树立

少男少女是属于幻想无穷的年龄，也是最为烦恼的年龄。有许许多多的问题摆在他们的面前要加以选择和解决。作为家长，在指导孩子去解决面临的种种烦恼的各项工作中，重要的一件事情就是要帮助他们树立并去追求一个高尚的理想。这是预防孩子出现危机的最重要的心理条件。

人的理想属于高级的精神需求。它具有巨大的动力作用，是人类个体所特有的一种社会意识，是一个人的人生观、世界观为核心的价值体系的具体表现。一旦一个人的理想追求成为主导性的高级需要，它便可以使其他需要隶属于理想的要求。在他们的生活中就会充满生机和无限的活力，会引起整个生活节奏的巨大变化。他们的一切行动都是为了实现明天的目标。相反地，一个人如果对自己的前途没有什么设想，必然

是一个缺乏上进心和进取心的人，是一个鼠目寸光、得过且过的庸人。青春期的少男少女在以往的教育熏陶下逐渐形成了自己的人生价值体系的雏形。虽然将来他会成为什么样的人还不能十分肯定，但是，已经可以看出各种不同的基本发展趋向了。例如，现在的中学生中，有的人轻视诚实正派的生活方式和处世哲学，在社交中表现出虚伪的不负责任的态度；有的人由于个人欲求未能满足而对现实社会极为不满，满腹牢骚，经常处于焦虑不安的情绪之中；有的以自我为中心，以自己的快乐为原则，不顾任何人的利益；有的对商品社会的特点缺乏认识，以拜金主义为自己的行动指南，追求超前的高消费；有的对文化科学知识学习不感兴趣，热衷于看一些低级庸俗甚至是黄色的书刊杂志和影视，追求性刺激。但是，大部分的中学生却有着强烈的求知欲，积极参加各种课外科技活动和兴趣小组，努力去钻研有关的科学知识或者积极从事文艺体育等方面的学习活动，为实现明天在事业和科学上的成功而努力拼搏。他们种种不同的趋向，将随着年龄的增长而越来越明显和稳定，并发展成为个人的理想和追求。

根据理想的社会效益和功能看，它可以分为高尚的理想和低级的理想。高尚理想以“公”字和集体主义思想为基础，以发展科学技术为目标，以追求对社会做贡献为动力。这就是今天所提倡的无私奉献精神。低级庸俗的理想是以“私”字和个人主义思想为基础，以满足个人私欲为目标，追求个人的幸福和享乐为动力的。这就是今天社会上所批判的单纯“索取”的精神。一个人有了高尚的理想，就会精神振奋、热爱生活，不会产生空虚感，走违法犯罪的路。在以极端个人主义为中心的低级理想支配下，不仅会产生种种非分的欲望，而且必然会导致违法犯罪行为。根据对全国六个省市几千名青少年犯罪的调查结果来看，这些青少年之所以成为犯罪者，就在于他们具有与社会规范相背离的个人主义的理想、人生观、世界观为指导。主要表现有：①对现行社会体制和社会控制的不满而导致犯罪者占被调查的青少年犯罪总数的33.2%。②

追求个人的金钱、权势和美人为目标，把为他人、为人民、为社会造福置之度外。③把追求个人的幸福和欢乐建筑在危害社会使他人痛苦的基础之上，认为“人活着就要尽情地吃喝玩乐”、“人生最大的幸福就是满足自己的私欲”、“青春不美，死了后悔”者占70.7%。在这种幸福观的驱使下，产生了盗窃、抢劫、耍流氓、强奸妇女等犯罪行为。④讲究江湖式的哥们义气，不顾社会道德法律规范而走上犯罪道路的占39%。⑤主张个人的绝对自由的思想严重、反对任何约束、纪律和法律，自己想做什么就做什么，这一类人占56.6%。⑥以自我为中心，个人利益高于一切，对自己有利的便是好的，否则就是坏的，只要有利就图，有便宜就占，不顾一切后果。这些犯罪青少年所以形成这种低级的情趣，完全是从小所受的家庭教育的失误所造成的。[①] 可见，从小就为孩子播下理想的种子，让它随着年龄的增长而不断发展壮大则是防止青春期孩子误入歧途的重要因素。一个人的理想与追求的形成和发展有一个漫长的过程，并不是一朝一夕可以完成的。我们认为，一个人所追求的理想是建立在孩提时代的好奇心、求知欲和兴趣爱好的基础上的。如果这个时候能发展成为对科学技术或文学艺术的兴趣，这种直接兴趣就能转化为个人的间接性的职业兴趣。一旦个人的职业兴趣已经形成并有良好的心理环境，则可以进一步转化为个人的高尚理想与追求，成为个人人生观、世界观的基本成分而指导自己的行动。如果一个孩子在这几个环节中都能按社会化要求发展，就可以顺利地实现这种转化。假如在某个转化过程的环节偏离了社会化要求，职业兴趣或高尚理想又可能转化为低级庸俗的理想。在现实生活中有不少孩子在青春期之前一直认为都是很好的。但是，进入青春期之后却变坏了，甚至成了犯罪分子。其根本原因就在于，他所追求的目标偏离了社会化要求，形成了以个人为中心的人生价值体系，因而产生种种违反社会道德规范的观念和行为。造成这

① 曹漫之主编：《中国青少年犯罪学》，群众出版社，1988年版，第204～206页。

种偏离的原因，一方面可能是从小就没有受到任何严格要求和规范的约束，没有形成必要的服从与忍让的习惯，自控能力差。在实际生活中没有灌输、训练并形成正确的道德是非观念和高尚的情操，模仿、欣赏和追求下层社会的一些习气、风度，只要求别人理解关照自己，而不愿意或不懂得体谅他人、关心他人、同情他人。一旦到了青春期，形成了稳定的习性，就难以接受正确的道德观念和社会规范。另一方面则可能是社会化的客观环境缺乏连续性、协调性，被强大的不良因素诱惑所致。这就说明，高尚理想的树立必须建立在个性全面发展的基础上，与高尚的情操、坚强的意志融为一体，才会有坚实的基础，进入青春期后才能抵抗各种干扰和诱惑而健康发展。

五、家庭文化的优化

广义的文化是指“人类社会历史发展过程中所创造的物质财富和精神财富的总和”。狭义的文化“特指精神财富，如文学、艺术、教育、科学等”。[①] 或者“指运用文字能力及一般知识”。[②] 从系统结构观点看，家庭文化是一个开放系统。它包含家庭内而又受到环境因素影响的物质财富和精神财富两大系列的种种因素。这些因素虽然有其相对的稳定性，但是，它们却经常受到主客观环境因素的影响，而处于不断变化的动态之中，正因为家庭文化具有这种开放和动态特点，我们才特别强调家庭文化的优化问题。

所谓家庭文化的优化，就是指父母在家庭中要给孩子创造一个符合社会化过程要求的优良的经济生活和精神生活环境，给孩子以潜移默化的影响。根据许多学者的研究，影响孩子社会化的家庭文化因素有：家

① 中国社会科学院语言研究所词典编辑室编：《现代汉语词典》，商务印书馆，1983年版，第1204页。

② 中国社会科学院语言研究所词典编辑室编：《现代汉语词典》，商务印书馆，1983年版，第1204页。

长的文化水平、家长对子女的期望、家长自身的个性特征和道德修养水平、家庭的生活方式和工余活动、家长对子女的教养态度、家庭经济收入和生活水平、家庭的物质设备条件、家庭的结构类型、家庭人际关系、家庭的居住条件、家庭的生活制度和习惯等几十个因素。而这许多因素本身，有的因素对于孩子的发展具有潜在的优势功能，有的则在客观上产生不利影响。这就是常言说的，文化素质有正文化（健康的、科学的、起积极作用的）和负文化（腐朽没落、黄色反动、起腐蚀破坏作用的）之分。例如，家庭的经济收入和生活水平高、完整的家庭结构、家长有正确的政治态度和立场、家长的文化水平高等因素对于孩子的健康发展都具有积极意义。相反地，家庭经济收入和生活水平低、家庭结构不完整、家长反社会的政治态度和立场、家长的文化教养水平低，在客观上就不利于孩子的健康成长。这些客观上所潜在的有利与不利的影响也不是绝对的。这些潜在的可能性还要通过家长自身的教养态度和教养方式的中介作用才能转变为现实性。家长的这种中介因素如果属于积极的，可以使潜在优势发挥更好的作用，甚至可以使劣势转化为优势，化消极因素为积极因素。如果家长的中介因素属于消极性质的，不仅潜在优势得不到发挥，甚至会使优势转化为劣势，变积极潜能为消极作用，消极因素的影响可能更为严重。可见，家庭文化的各种因素虽然本身具有积极的或消极的作用，但是，在一定的条件下，这些性质是

可以向另一方面转化的。[①] 所以，我们要以辩证的、发展的眼光来看待家庭文化的各种因素，不能把它们绝对化、孤立化。

据研究，家庭文化因素中影响孩子发展的主要有如下几个方面：

1. 家长的文化教育水平的高低。一般情况下，家长的文化教育水平较高，其知识面比较广，对于孩子的基础文化知识学习比较重视，能以正确的教育态度和方法去辅导和诱导孩子的学习与发展。所以，孩子有可能得到较健康的发展。据中国科学技术大学的调查，从 1978 年创办第一期少年班以来到 1986 年的第 10 期，共 358 名少年大学生，其中知识分子家庭出身的子女占 57.5%。[②] 这些少年大学生的共同特点有：①生长发育指标和体质指标均比全国青少年提前了一二年。大脑机能水平均比同年龄的学生高。身体发育的提前为智力早熟提供了基础。②思维能力强，能运用抽象概念进行推理判断，具有一定的独立性和批判性，思路开阔，具有独创性，初具辩证思维和概括能力。③感知觉敏锐、精确。④记忆力强，逻辑记忆占优势。⑤有强烈的热爱祖国、献身科学的思想，学习热情高，有坚定的志向和远大理想。⑥兴趣广泛，求知欲强。⑦具有强烈的自我意识（突然的自信心、未来感和自由感）。⑧有明确的社会责任感。[③] 相反的，文化水平较低的家长，对孩子的文化学习重视不够，缺乏辅导孩子学习的能力，在一定程度上影响孩子的发展。据全国六省市 5 千多青少年罪犯的家庭文化水平和职业情况调查的结果即说明这个问题。在 5 千多的青少年罪犯中，其父亲的职业有 75.7%是工人和农民，母亲有 89.9%是工人、农民和家庭妇女。父亲的文化程度有 68.9%是文盲和小学。母亲则更低，有 55.6%是文盲，

---

① 刘荣才著：《儿童早期教育理论与实践》，广西师范大学出版社，1988 年版，第 240 页。

② 朱源，秦裕芳著：《科技“神童”的摇篮》，湖南人民出版社，1988 年版，第 24 页。

③ 辛厚文、陈晓剑：《大学少年班教育概论》，中国科学技术大学出版社，1986 年版，第 12～30 页。

加上小学程度的共占 82.9%。[①] 父母的文化教育水平低，在一定程度上又会影响孩子的学习，使孩子的学习成绩差，智力水平低，从而导致社会化偏离正确的轨道，养成许多不良品德和习惯并不能升入更高一级的学校学习，成为危害社会的因素。例如，全国六省市 5 千多名青少年犯罪的调查，初中和小学文化程度（按本人所填的表统计，实际上初中生只相当于小学生水平，错别字很多，文字表达能力很差）的占总数的 77.6%。[②] 上海市少管所的入学统计中，初中以下文化程度的达到 85% 左右。从四个班级 168 人的调查中，有 38.6%的人在入所前已脱离学校教育，这里还不包括更多的旷课和逃学学生。他们自认为文化程度低，愚昧无知，是非不分，黑白颠倒而犯罪的占 94.7%[③]。可见，从总体上说，父母的文化教育水平和孩子的文化水平与孩子能否健康成长有直接关系。为此，我们要做好青春期孩子的教育工作，一方面要不断提高父母自己的文化修养水平和辅导孩子学习的能力；另一方面要大力普及九年制义务教育，家庭、学校与社会要积极配合，采取各种有效措施，使近千万的中小学流失生、辍学生能重返学校学习，以提高孩子的文化水平。一个人具备了一定的文化素质，可以增强其对社会的分析判断能力，能够区别真善美与假丑恶，提高对不良社会诱因的抵抗能力。但是，我们也不能把父母的文化教育水平和孩子的文化水平与孩子能否健康成长的关系绝对化。在现实生活中，我们也可以看到许多例子，文化水平不高的家长，甚至文盲，也可以把自己的孩子培养成专家、学者或其他方面有卓越贡献的人才；而文化水平较高的大学教授的孩子却成为少年犯被关进牢房，还有不少文化教育水平不高的家庭里的孩子成为出类拔萃的人物。所以，优化家庭文化环境中，提高家长和孩子的文化

---

① 曹漫之主编：《中国青少年犯罪学》，群众出版社，1988 年版，第 222 页、220 页。

② 曹漫之主编：《中国青少年犯罪学》，群众出版社，1988 年版，第 222 页、220 页。

③ 方明：《文化教育在教育改造违法犯罪青少年中的作用》，《当代青年研究》，1989 年第 5 期第 29 页。

教育水平是极为重要的因素，但不是唯一的重要因素，应与其他因素协调发展，才能充分发挥其积极作用。

2. 家长的教养态度和教养方式的影响。家长的教养态度和方式是家长的教育思想、个人修养、品德行为的综合表现。它在孩子的发展中具有举足轻重的作用。我们认为，在家庭文化的许多因素中，家长的教养态度和方法是制约孩子能否健康成长、度过青春期的关键因素。具有良好的教养态度和方式的家长，能尊重和利用孩子的独立自主性，帮助孩子逐步树立自己追求的目标，能进行正面诱导，家庭生活中有较浓厚的民主气氛，平等地对待孩子；对孩子做到热爱与严格要求相结合，并充分调动、激发和引导孩子的积极性；对孩子的过失行为能适时适度地处理。例如，有位少年大学生不仅学习成绩好，智力水平高，而且关心集体和他人，乐于助人。这些都是与他父母良好的家庭教育分不开的。他的父母和天下的父母一样，特别疼爱自己的孩子，但是，在生活上绝不溺爱孩子，要求孩子自己的事情自己干，不养成依赖心理。在学习上引导孩子科学地支配时间，合理地安排生活，注重提高效率。从小学到中学的生活都很有规律，一直没有拖作业、睡懒觉的习惯，学习刻苦、认真、严谨。父母尊重孩子的选择，在发展方向上从不硬性干预和限制，而是因势利导，鼓励孩子一步一个脚印地去实现自己的理想。为了培养孩子的动手能力，家里人不给他买现成玩具，鼓励他自己做并提供必要的材料和制作工具，让孩子自行设计和创造，鼓励孩子积极参加学校里的课外科技小组。[①] 有的家长发现自己的孩子依赖性强，独立性和意志力弱时，就有意识地创造困难情境来锻炼孩子。例如，有位少年大学生，在他 10 岁上初中时是在就近的职工子弟学校学习，后来父母非要把他转学到离家 1.5 公里以外的学校上学，目的是让孩子在风雨里的奔波中受到锻炼。平时，凡是洗衣、搞卫生、买东西等力所能及的事情

① 朱源等编：《少年大学生的足迹》，中国科学技术大学出版社，1988 年版，第 2～3 页。

父母都指导他自己动手。遇到困难指导他主动去克服。通过克服种种困难的过程，养成了一股子韧劲，从不在挫折面前低头。[①] 相反，家长的教养态度和方式不良，如溺爱、娇纵、任性、打骂等对孩子的成长必然会有不良影响。例如，杭州市工读学校在对 100 名青少年的调查中发现，家庭对孩子溺爱、娇生惯养的占 51%。家长视孩子为掌上明珠，百依百顺，滋长了孩子娇纵、任性、以自我为中心的心理。某孩子的母亲，只要儿子开口，要什么就给什么，从不违旨。当他进了工读学校，母亲还瞒着老师给他送香烟。有的人在家从不做家务，连自己的脸都要大人为他洗，养成了好吃懒做的坏习惯。有 50%的家长教育方法简单粗暴，动辄打骂训斥。有位学生，从小犯有偷摸行为。父母采取打骂、罚跪、捆绑直至关禁闭，把他关在房间里，一关就是三年，严重地摧残了他的智力和身体的发育，成了呆子，走上犯罪道路。有位女孩，11 岁时有偷摸行为，父母发现后即把她的腿打断并赶出家门，流浪于街头巷尾，被坏人引诱，走上了邪路。有个男孩，为了一点小事，母亲用刀砍伤了他的脑门，留下了永恒的伤疤，也使孩子违法犯法。[②] 青海省夏斐（9 岁，小学三年级男孩）就是因为期中考试没有超过 90 分而被自己的母亲活活打死的。有位青春期孩子“反抗”性特别强，总是和家长唱反调，哪怕是家长的正确要求也难于被接受，追求低级情趣，作风粗俗，缺乏文明礼貌，不诚实、不踏实，缺乏责任心、任性、骄横、以自我为中心，自己想干什么就干什么，不愿受任何约束。他的确处于危机状态。但是，究其原因仍是早期家庭教育失误所致。这位孩子的家长对孩子从小就娇惯、溺爱、迁就，什么事情都随孩子的便，大人不加任何干涉，一切好吃的都由他独占，孩子不喜欢吃的就不买，尽量去满足孩子的胃口，不让孩子承担一点家庭生活责任，一切由家长包办代替，只

---

① 朱源等编：《少年大学生的足迹》，中国科学技术大学出版社，1988 年版，第 2～3 页。

② 徐友诚：《谈青少年违法犯罪的原因及对策》，《当代青年研究》，1989 年第 5 期，第 22～23 页。

要求孩子能有更多的时间去学习，别的方面则没有更多的要求。随着年龄的增长，这种毫无约束的自我中心的生活节奏就转化成为相对稳定的人格特质，并且把错误的低级的言行当做正确的高级的言行来坚持，怎么能接受正确的管教呢？可见一旦坏习惯养成了是很难改造的。所以，家长不仅对青春期孩子要有科学的教养态度和方法，针对青少年期孩子的不同特点进行因材施教，而且更重要的是必须在儿童期就应该重视采取正确的教养态度和方法。因为教育有长效特点，儿童期的教育效果要到青春期后才会明显表露出来。到那时再发现问题并去矫正，则要花几倍的时间和精力，而且效果还不一定好。

3. 家庭结构因素的影响。家庭结构是指家庭成员的构成成分。目前我国的家庭结构类型主要有：三代同堂复合家庭、原配核心家庭（包括多子女家庭和独生子女家庭）、单亲（只有父或母与子女）家庭、重组家庭等。从总体上说，核心家庭是多数。但是，农村的复合家庭较城市多，而城市的核心家庭、单亲家庭比农村多。许多人从不同的角度研究了家庭结构对孩子发展的影响。有的人从常态孩子的智力、人格品德等发展状况与家庭结构关系方面作过调查。例如，独生子女与非独生子女家庭的比较研究①，完整家庭与单亲家庭对孩子发展的比较

① 刘荣才：《当前独生子女研究中的几个重大问题》。《教育研究》，1984年第9期。

研究，三代同堂家庭与核心家庭的比较研究[①]，等等。其结果说明，三代同堂家庭与核心家庭在孩子发展中的作用，各有长处和短处。独生子女与非独生子女家庭对孩子发展的影响也各有长处和短处。完整家庭与单亲家庭的比较研究虽然多数认为单亲家庭孩子发展的问题较严重[②]，但是也非绝对如此。家庭结构本身具有双重性特点，关键在于家长如何充分利用家庭结构中潜在的有利因素，防止和克服其不利因素的影响。有人对犯罪青少年与家庭结构的关系作过调查分析。如全国六省市5千多名青少年犯的调查结果表明，多人口（5口人以上）家庭的罪犯占64.7%，其中少年犯占74.4%；残缺家庭的罪犯占20.6%。[③] 杭州市工读学校调查中，家庭结构破裂的占11.1%。他们从小生长在父母打骂争吵、闹离婚的紧张气氛中，过着心惊胆颤的日子，从对家庭无好感发展到不满。有的父母再婚，把亲生子女看成累赘，百般欺凌，失去正常的家庭温暖与教育。有的受后娘虐待，生父也很凶，不给吃饱穿暖，被迫流浪犯罪。有的遭继父奸污，幼小心灵受到创伤和严重的摧残，从此看破红尘，玩世不恭。[④] 可见，家庭结构在客观上对孩子的发展具有一定的作用。但是，这种作用的正负性质及其影响大小则主要取决于家庭人际关系的好坏和家长的教养态度与方式。如果孤立地看待家庭结构因素的作用，不仅是不科学的，而且可能会带来种种负作用。

4. 家庭主教人的影响。所谓家庭主教人，就是指主管孩子教育的是父亲还是母亲或爷爷、奶奶等人。不同的主教人，不仅具有不同的社会生活经验和个人经历，而且文化教育程度和在家庭中的角色地位也不相同，加上个人的智力、人格特质上的差异，他们对孩子的教养态度、

---

① 刘荣才：《社区和家庭与幼儿发展的调查研究》。1989年全国家庭教育研究会交流材料。

② 同上。

③ 黄漫之主编：《中国青少年犯罪学》，群众出版社，1988年版，第222页。

④ 徐友诚：《谈青少年违法犯罪的原因及对策》。《当代青年研究》，1989年第5期第22页。

方式上就必然有差异。对于孩子的教育，无疑家庭的每个成员都应承担责任。但是，由于种种历史和个人的原因，在一个家庭内往往都自然地形成一个主教人，主要负责孩子的教育工作。从我们的调查结果看，父亲为主教者，其子女的人格发展优于母亲为主教者的子女；母亲为主教者的子女，在智力发展上高于父亲为主教者的子女。这种有趣的现象可能是男女两性的社会角色模式的人格特质对子女潜移默化的影响，或是母亲更多地重视孩子的智力发展，忽视人格训练，或者是两性的认知模式和思维特点与幼儿认知发展水平相适应有关。不管是哪一种因素导致的现象，都给我们提出了一个新的研究课题，就是家庭教育中应如何充分利用两性（父母）各自的优势去教育孩子的问题。

5. 家长的生活方式和业余情趣的影响。家长的生活方式和业余情趣主要反映在工余时间所从事的活动性质，这些活动实际上是一种榜样教育的形式。它会给孩子潜移默化的影响。例如，有的家长在事业上有追求，有较高的情操，因此工余时间生活较有规律，比较注重读书看报，关心国内外大事，有广泛的兴趣爱好对孩子影响较好。有的家长没有养成学习的习惯，而喜欢打牌、赌博或作风不正，东游西逛，喜欢说脏话、丑话，甚至道德败坏等，对孩子则可能起消极影响。家长的生活方式和业余情趣是为人的一种行为表现，对孩子来说是一种榜样。它具有导向、激励、调节和控制作用。榜样所以有这么大的作用，一方面榜样本身是一种生动具体的形象，具有强刺激作用，而且在许多情况下，它富有浓厚的情感色彩，具有很大的感染力、诱惑力。另一方面，少年儿童的模仿能力很强，对于他们所感兴趣的或新颖独特的言行很快就能学会并传播流行。所以，家庭的文化生活一定要以高雅文明的活动为内容，把娱乐性、趣味性、知识性、科学性融为一体，培养孩子高尚的情操，不要把低级黄色的娱乐和不正之风引入家中。然而，家庭文化生活中，由于代际关系的影响，也可能发生种种矛盾现象。家长比较欣赏传统节目，子女则可能喜欢新潮流行节目。在这种情况下，应协调解决。

6. 家长对子女的期望的影响。家长对子女的期望就是父母希望自己的子女将来成为什么样的人，在社会上担任什么角色，有多高的地位和名誉。毫无疑问，父母都希望自己的孩子比自己强，即所谓“望子成龙”。前面介绍的罗森塔尔效应（皮格马利翁效应）就是“期望”作用的典型试验。有一些调查研究也说明，父母对孩子的期望高低对孩子的发展有正相关趋势。这是因为父母有了较高的期望，就能想办法、严要求、采用各种有效措施去达到自己的期望。孩子知道了父母对自己的期望，也可以把这种期望转变为自己奋斗的目标，激起强大的动力，增强主观能动性和自信心，积极配合父母的指导和教诲。因而孩子的发展就可以达到父母预期的目标。如果家长对孩子期望不高，就不可能想更多的办法去促进孩子的发展，孩子自己也由于没有一定的目标引导，往往会放松对自己的要求，从而延缓了发展。但是，也应该看到，父母的期望毕竟是一种主观愿望，而孩子的发展则是一种客观效果。在主观愿望与客观效果两者之间还受许许多多的中介因素的制约，如父母的文化教育水平、父母的教养态度和方法、必备的学习条件和设备、孩子的智力水平、学习习惯和个性特点、邻里伙伴和学校教育的影响、社会风尚和大众媒介的作用等等都可以成为孩子发展的一种变量而起正或负的作用，导致孩子的发展不能达到预期目标或者超过父母的期望。在现实生活中，我们经常可以看到这两种现象：一种是父母对子女的期望很高，提出种种不切实际的过高要求，而子女的发展却达不到父母的要求，使父母感到失望。造成这

种失误的原因可能是父母的教育措施不能与自己的期望相适应，得不到同步的发展或者是孩子的智力水平所限、有人格方面的障碍，不可能与父母的教育措施相协调。父母所谓“恨铁不成钢”的怨气就是在这种情况下产生的。对此，父母则要调整期望水平，让孩子不再产生畏惧情绪、紧张的压力，使孩子从成功的体验中增强其自信心，逐步提高水平。如果父母仍然对孩子继续保持过高期望，孩子又总是以失败而告终，自卑心会越来越重甚至会产生不求上进、自暴自弃的行为。可见，父母不仅要从孩子的实际出发，提出适当的期望，而且在实现期望过程中，还要根据种种主观变量因素的影响而对原有期望水平作必要的调整。

另一种现象就是孩子的发展比父母所期望的目标要高得多。出现这种现象的原因可能有两种情况。一是父母对孩子的潜在能力估计过低，因而对孩子的期望也相应的较低；二是孩子受到了某种良好客观刺激，从而受到了极大的鼓励，形成了一种强烈的动机，勇于克服种种障碍，得到较好的结果。可见，家长的期望只有与孩子的实际情况和潜在能力相适应，并配合相应的科学教育措施才能产生良好的教育效果。

7. 家庭经济收入与物质生活水平的影响。在社会发展过程中，一个国家和个人家庭经济收入的增加，物质生活水平的提高，不仅有利于提高人们的身体健康水平，而且人们的精神生活的需求也会相对地得到发展。这对于孩子的发展无疑是一种积极因素。现在的孩子在生理上、智力上比以往早熟1～2年，其重要原因之一就是人们的生活水平提高了。它不仅表现在食物结构上增加了大量的蛋白质和各种维生素，大大改善了营养条件，而且也有条件去购置高档家庭用品和文化用品，如彩电、冰箱、报刊等。但是，这些有利因素只有按科学的要求使用，才能发挥积极的效能，促使孩子健康发展。如果违反科学原则盲目乱用，则会成为障碍或危害孩子发展的因素。例如，有选择地适当地看看电视节目有好处，而每天长时间看电视则有碍发展。又如，在孩子进食方面，合理化、科学化对身体有好处。如果没有规律，只吃自己喜爱的零食，

不吃正餐而厌食和偏食，孩子自然会产生营养不良，或者缺少某种营养素，影响孩子的生长发育。所谓“豆芽型”的孩子多是这种原因造成的。有的父母以为孩子吃得越多越好，总是让孩子吃得肚子胀鼓鼓的，进食大量的淀粉和脂肪，糖类、各种营养补品、巧克力经常不断，不仅致使孩子出现肥胖症，而且也影响孩子的智力发育。家庭经济收入高，生活善计划、巧安排，对孩子的发展有好的影响。若是经济开支无计划，生活过于奢侈、用钱过于随便，物资经常浪费会养成孩子贪图享受、怕艰苦、大手大脚的不良习惯。家庭经济收入不高，生活水平低一些，吃的东西差一些，在某些方面对孩子的发展也可能产生不利影响。但经济开支计划性强，精打细算，却可以形成孩子勤俭节约、艰苦朴素的作风和较强的自我控制能力。现实社会中可以看到，不爱惜财物者多数是生活条件较好家庭的孩子。不少犯罪青少年，并不是因为家庭生活困苦，缺衣少食，而大多数人往往是自幼形成了过高的物质享受欲，追求吃喝玩乐而导致犯罪的。就目前的独生子女家庭来说，人们所惊呼的“小皇帝”也是物质生活过于丰富而又不讲科学和不教育所造成的结果。所以，在优化家庭文化过程中，对于家长来说，不要把注意力只停留在自己家庭的经济收入和生活水平高低的问题上，而要把注意力的重点放在如何发挥家庭经济方面所潜在的积极影响和防止可能产生的消极效果上去。这样才能真正使家庭经济成为一种教育手段而发挥作用。

8. 学习琴棋书画的影响。琴棋书画是我们的传统文化艺术，是家庭文化生活的重要方面，是人类高级的精神需求和文化生活的一种享受，也是家庭生活中的一种高级的娱乐活动。它对于塑造陶冶一个人的性格、情操有着极大的作用。正是这样，所有文明国家都十分重视琴棋书画在一个人精神生活中的影响。近几年来，随着人们的物质生活水平的提高，精神生活的需求也有了较大的发展，它不仅反映在人们要求吃好、穿好、用好方面，而且要求玩好。因此，琴棋书画便进入了千家万户，既把它们作为精神生活的享受，又把它们作为教育培养孩子的手段。毫无疑问，这对于优化家庭文化，促进孩子发展，提高人口素质是大有好处的，因为琴棋书画与孩子的心理发展特点相适应，颇受他们的欢迎和喜爱。但是，如果父母在认识方面出现了偏差，教育引导方法不当，琴棋书画本身所具有的潜在积极因素不仅不可能得到发挥，相反地会成为阻碍孩子健康发育的因素。例如，有的父母不顾孩子是否有天赋、有兴趣、愿意学，而是采用单纯强制命令的办法逼迫孩子学；有的父母不是把它作为发展和开拓兴趣、陶冶情操的手段，而是过早地把孩子用专业人员的要求去训练；有的父母不是从全面学习、和谐发展的角度，将其作为调节身心平衡的手段，而是剥夺孩子其他活动并长时间地进行盲目训练。这种种不科学的训练活动，必然会引起孩子心理上的不平衡，影响身心健康发展。这是当前独生子女教育中普遍存在的问题。所以，在优化家庭文化生活中，把琴棋书画引入家庭是值得大力提倡的事情。但是，真正要发挥它们对教育的作用，还必须有一个明确的指导思想和科学的训练方法。否则，会适得其反。

与琴棋书画有关的问题，就是家庭中所购买订阅的报纸杂志和图书也要按社会化要求进行最优化的选择，对于那些影响孩子健康发展的低级庸俗和黄色反动的书报杂志必须杜绝。即使是家长因工作上的需要而使用时，也必须妥善保管，以免孩子翻阅。

六、社交活动的指导

人是群居的高级动物。任何人都不可能离群独居、长时间过着孤独的生活。心理学家曾做过一种“剥夺实验”。即将一个被试者关在一个完全封闭与世隔绝的房间里，把他的眼睛蒙上，不让他看见任何东西，把他的耳朵塞住，不让他听见任何声音；把他的全身四肢捆住并穿戴上橡皮衣服、手套和鞋袜躺在床上，不让他用皮肤去触摸到任何东西。喂食、大小便均是自动化机器操作，不让他接触任何人和事物。他在这种完全剥夺外界刺激的实验的第三天起，感知觉能力明显下降，到一个星期后，则出现了精神异常现象。可见，人与人之间的交往也是一种基本需要。一个人孤立地生活或者在一个集体中被孤立、排斥会感到极大的痛苦。对于青春期孩子来说更是如此。所以，家长不应该整天把孩子捆绑在书本上，而应该让他们进行必要的社交活动。

所谓社交活动，是指一个人在家庭生活之外，通过语言、行动和其他手段与周围物质世界及他人、群体之间发生相互作用的过程，是社会文化互递的过程。它对于孩子的健康成长有着重大作用。因为这个年龄的孩子交往意向发生了很大变化。我们从对广州、重庆（开放特区与内地）的2433名初、高中学生关于交往意向的调查就可以看出，加强对青春期孩子社交的指导势在必行，见表25。

表 25　广州、重庆中学生交往意向调查表①

地区与年级 \ 百分比（%） \ 知心话倾诉对象		父母	老师	知心朋友	兄弟姐妹	理解自己的长辈	对谁也不说	社会咨询机构	其他
广州	初中	5.6	0.4	63	5.4	3.4	20	1.8	0.4
	高中	4.4	0	58.7	5.2	5.2	24	0.7	1.0
重庆	初中	2	0.7	51	9	8.2	27	1.5	0.6
	高中	2.7	0.9	56.8	1.8	9.9	24.3	3.6	0

我们从上表中可以看出，占比例最大的是将知心话向“知心朋友倾诉”或“对谁也不说”闷在自己心里这两个项目。不论是前者还是后者都应引起家长的关注，孩子的知心话愿对朋友谈，则有一个如何择友、交友的问题。如果不愿对任何人说，则有一个帮助他们如何交友的问题。

1. 要认识青春期孩子开展社交活动的价值。要给孩子的社交进行指导，首先应解决家长自己对社交重要性的认识。在当今的开放和信息社会中，一个孩子只埋头读书，将来是难于适应变幻莫测的社会生活的。他还必须从书本之外去学到更多的知识和本领，其中之一就是要通过社交去进行学习。把社交活动当做当代学生的一门必修课程纳入教学计划，把社交能力作为当代中学生的培养规格来要求。学校内的学习与社交活动是相互补充的。社交活动中所学到的许多知识可以丰富补充课内学习的不足，有助于课内作业的完成。而社交活动又是课内知识的应用、课内学习的延伸和发展。所以，不能把社交活动与课内学习看做是矛盾的事情。那种认为既然强调社交活动就要花许多时间去串门的看法是对社交活动的误解，或者是作为不愿参加课内学习的一个借口。因为

① 李季：《开放环境下青少年交往与性意识发展的调查研究》。《当代青年研究》，1989年第4期第27页。

中学生的基本任务还是要以学好课内知识为主。中学生的社交活动也是以学校集体为基本范围，而不是像社会活动家那样的广泛。学校中的集体活动本身就是一种高层次的社交活动和具有丰富内容的“社交学校”。每个人都是这个“社交学校”的学生，又是这个“社交学校”的老师。只要我们能够细心体察和虚心学习，都可以从中学到许多有价值的知识和能力。就一个人一生的知识而言，真正在课堂上懂得的知识毕竟是少数，绝大部分都是通过和父母、亲朋、伙伴、老师等人的交往活动所获得的。就中学生的同龄伙伴的交往来说，也有许多好处：①可以锻炼自己的社交能力，获得课内所得不到的各种知识；②有利于身心健康，因为在交往中可以得到愉快和欢乐，保持心理平衡；③有利于自我完善，因为在交往中既可以学到他人的许多长处，又可以发现自己的不足并加以改进；④有利于提高自己的学习成绩和学习能力，因为在同龄伙伴的交往中，讨论最多的问题仍是文化科学知识学习方面的问题，在交往中便可以汇集群众的智慧；⑤有利于将来的工作，满足个体生存和发展的需要，在交往中可以学会如何互助合作、处理各种人际关系，养成各种符合社会行为规范的社会行为习惯等。

2. 帮助孩子明确社交的目的。社交既然是一种学习的途径，自然就要明确通过社交达到什么目的要求。对中学生来说，学会交往本身就是一个重要的目的。但是，不限于此目的。其重要的目的还是在于通过社交活动使自己从他人和集体方面获得更多的精神食粮和营养，从而使自己能更快地、更完善地得到发展，学业和事业上能有更大的成功；另一方面也还必须明确，自己在交往中也应该尽到最大努力和可能给予对方支持和帮助，使对方也能从中体验到交往的好处。因为交往是平等互助的关系，是双方的奉献，而不可能是单方面索取。否则，这种交往是不长久的。所以说，希望在交往中得到他人诚恳帮助的人，首先应该是乐于助人的人。只有双方都能热诚相待，又能从中得到帮助的双向性社交才是正常和能够持久的。

3. 指导孩子谨慎择友。社交活动是一种互动过程。这就有一个社交对象的选择问题，交往对象是良好的，这种互动效应则会产生正值。如果交往对象是个不良分子，这种互动则有可能产生负效应。常言说“近朱者赤，近墨者黑”就是指交往的正负效应。

择友对象是以择友交往的目的为转移的。不同的交往目的，可以选择不同的对象。例如，为了在文化科学知识上能得到一定的帮助，往往是去选择学业成绩好的学生为交往对象；为了在自己的兴趣特长上有较大的进步，便去找与自己志趣相投的人为交往对象；为了能宣泄自己内心的苦闷和不满情绪，多半都是找自己的知心朋友去倾诉。

但是，在许多情况下，往往不是事先就有明确的目的去择友，而是在偶然的机会中巧遇的。这就是常人说的“有缘份”。一般说来，在心理上彼此产生共鸣的人容易成为交往对象。如，思想观念相同、情投意合、志同道合者，可以成为亲密朋友；兴趣爱好和特长相同，在共同的活动中可以结下深厚的友情；人格上的相似，相互敬佩可以谱写出一曲曲友谊的乐章；境遇相同，彼此都能真正相互理解、同情，即谓“同病相怜”，也可以成为相互接近的因素。此外，年龄、性别、住处、职业、资历、社会地位、经济地位、教育水平等方面的一致性都可能成为人际吸引的因素，成为择友的条件。不论是事先有目的，还是偶然的巧遇交往都必须谨慎从事，特别是与异性的交往要慎重对待。在人际交往中，不论是选择什么样的对象，在选择过程中都应该明确和把握如下几个重要心理特征：①自主性。选择谁、不选择谁为交往对象，或者继续交往还是中断交往或改变交往对象，完全是出于自己的自愿并由自己决定，任何人都不可代替。虽然与交往对象之间是相互依附、相互从属、相互尊重和支持的，但又是相互平等和独立的，任何一方都不能以任何理由强行要求对方接受自己的观念。②互利性。交往对象都是为了“好玩”，有利可图，能够满足彼此在物质上或心理上（如自尊心、荣誉感、归属感、求知欲等）不断发展的需求，具有互补性、代偿性、相互调节和满足的特点。③心理相容性。凡是交往对象都在心理上能够相互容纳，在交往中能相互影响、相互渗透、相互传递信息、模仿言行并有共同的情感体验。如果是合不来，趣味不相投就不会成为交往对象了。④情感性。交往活动是情感因素的具体表现，情感对立的双方绝不会成为朋友。人们就是依据交往的频率与深度作为判断友情深度的指标。

4. 让孩子懂得交友的八要和八忌。在对孩子的社交活动的指导中，不仅要指导孩子谨慎择友，而且还必须让孩子懂得如何正确地进行交往活动。只有这样才能使孩子不至于在交往中受挫。怎样指导孩子进行交往呢？①要热情真诚，切忌冷淡虚伪。热情和真诚会给人留下一个平易近人的第一印象，成为打开人际交往大门的钥匙。热情是个火种，它能点燃心灵友情的火花、激起交往的欲求，起到感染作用。它好似一种高质量的粘合剂，可以广交朋友，使交往融洽并得到深入发展。真诚要求双方都能以诚相待，真心实意。这样则可以以心换心，彼此交流思想情感，达到相互了解和支持，相互依赖和帮助。相反地，如果待人冷淡、虚伪则不可能取得他人的信任。这种交往也不可能长久下去。②初交要谨慎，切忌轻信盲从。在社交中，第一印象会给人留下深刻的印象。有时候，人们的第一印象可以真实地反映一个人的本质；有时候第一印象则可能给人一种错觉。根据真实的第一印象所进行的交往，可能有良好的结果。如果是依据错误的第一印象去进行交往，则可能会上当受骗。“一见钟情”的人，往往感到后悔就是受到了不真诚的第一印象所左右而造成的。这是因为人的思想品质是个非常复杂的东西，我们不可能在一次见面中就能完全了解清楚。人的思想意识具有多样性和隐蔽性特点。所谓多样性，就是每个人的思想情感都不可能是一样的。“人心不同，各如其面。”就一个人而言，其思想意识也是在环境影响下不断地变化的，同一种思想内容还可以有不同的表现形式。所以，人的心理的多样性往往使人难以识别。人的心理的隐蔽性就是指一个人的真实的思想品质，在一定条件下可以隐蔽起来，不表露给别人认知，人们所感知到的只是一种虚假的现象。许多缺乏社会阅历的孩子往往把坏人误认为好人就是被其表面的假象所迷惑造成的。目前社会上的一些搞不正之风的人就是以虚假的面目出现去欺骗善良的人们的。所以，在初交时必须谨慎行事，切勿盲目地轻信自己的第一印象。③要以礼相待，切忌怠慢。社交是彼此之间平等的往来，“来而不往非礼也”。因此，不仅自己登门求教于他人时要以礼相待，而且当别人来访时，哪怕是素不相识或点头之交者，也应以礼相待，切忌怠慢他人。那种“闲谈不过三分钟”的逐客令是不宜提倡的。要相互尊重、平等相待，切忌骄傲自大、盛气凌人。社交活动是社会成员以平等和互相尊重的态度为基础，才能得到正常进行和发展的。如果认为“别人有求于我”就自以为是、骄傲自大、盛气凌人，这种交往是不可能继续下去的。因为每个人都有自己的自尊心和人格尊严。如果在交往中的一方在自尊心和人格上受到了损害，被损害的一方就自然会主动地中断这种交往。⑤要相互信任，切忌猜疑。建立在真诚基础上的朋友，应该是值得信任的。每个人都有自己的交友圈和交友方式，即使是自己的挚友也不可能要求什么东西都告诉自己。应该承认和尊重每个人的隐私权，在这种情况下不应过多地去追究朋友的隐私，也不应用恶意去猜测他人。友人之间的猜疑是危害友情的剧毒剂。如果交往中产生了某些误会则应及时交流认识、消除误会。⑥要坚持原则，切忌哥们义气。青少年的社交中有一种本能性的自我保护机制。许多事情在他们内部是开放的，而对外（成人集团）则是采取

封闭政策。他们之间的过错互相包庇、保护，不得外传。这就是一些老师和家长难以了解到他们的真实情况的原因。对此，家长必须以社会化标准来劝说孩子，要求他们在交往中应坚持社会道德规范，使交往具有社会性原则，切忌让哥们义气来代替真正的友谊。⑦要以集体交往形式为主，切忌过多的单独交往。青少年的交往是为了促进学习和发展。因此，应该尽可能多地组织和参加集体交往活动。因为集体活动可以弥补课堂学习的不足，可以更好地满足个人在其他活动中无法得到的心理需求，可以为每个人充分施展自己的才能提供良好的机会，可以有效地发展和完善自我意识，可以有效地矫正一个人的不良人格。如果不积极组织和参加集体交往活动，而是过多地进行单独的一对一的交往，则容易使正常的社交活动蒙上一层情爱的色彩。这对于青春期孩子来说是不宜提倡的。因为它有可能使孩子过早地陷于爱河而不能自拔。⑧要珍惜纯洁的友谊，切忌过早坠入情网。青春期随着性成熟的发展，出现爱慕异性的倾向是一种自然现象，即使是与异性之间的一些交往也并不带有成人标准的爱情性质，是一种天真幼稚的本能性的异性效应。因此，它属于异性间纯洁的友谊。作为家长不应过多地指责、干涉。但是，也不能不注意到，他们在大量的社会性文化的影响下，一些早熟的孩子则有可能形成了性意识，产生了恋爱动机。所以应帮助孩子分清友谊和爱情的界线，认识到爱情是一种社会责任，要到将来才有可能去承担。

七、品德水准的提高

社会评价一个人的好坏，不是看这个人的聪明程度如何，而是以一个人的社会道德水准的高低为标准。有人说青春期是危险期，主要也是指这个时期的孩子有可能出现违反社会道德规范的行为。所以，教育孩子学会做人，必须把提高孩子的社会道德水平放在首要的位置上来。

人们说的品德就是指一个人的道德品质。它“是指一个人依据一定的道德行为准则行动时所表现出来的某些稳固的心理特征。它是个性中具有道德评价意义的核心部分。个人的品德主要是在社会道德舆论的熏陶和家庭、学校道德教育的影响下形成的。它是社会现实在人脑中的反映”。[①] 我们从中可以了解到，一个人的品德是社会道德规范、舆论和家庭学校教育在个体身上的反映，是个体内化的结果。这就说明，社会道德规范是为了限制、调节个人本能的非分欲望，维护社会群体利益的一种手段。家长要提高孩子的道德水准，就必须想办法让社会道德规范尽快地完善地转化为孩子自己的认识和行为。

一个人的品德包括道德认识、道德情感、道德意志和行为习惯等几个方面的心理因素。因此，要提高孩子的品德水平也必须从上述三个基本方面进行培养。

1. 道德认识水平的提高。

道德认识就是一个人对道德行为规范和具体的行为准则及其执行意

① 潘菽主编：《教育心理学》，人民教育出版社，1980年版，第156页。

义的认识、理解和掌握。例如，知道什么是真善美，什么是假丑恶，什么样的人是好人，什么样的人是坏人等是非善恶的标准。在一般情况下，一个人的道德认识对一个人的行为起着重要的导向作用。例如，一个人懂得帮助别人是一种光荣和责任时，一旦当他看到别人有困难，就能主动地去帮助别人排忧解难；当一个人认为遵守社会秩序，讲究公共卫生是一种美德时，他就会自觉地维护社会秩序、讲究公共卫生，不随地吐痰、不乱扔果皮纸屑；当一个人知道打人是违法行为时，他就可以控制自己的激情，不与他人打架斗殴。相反地，一个人的道德认识水平低下，对道德法律缺乏认识，甚至混淆黑白、颠倒是非时，就可能导致违法犯罪行为。有人在对几百名违法犯罪青少年的调查中，发现他们的道德认识上有 11 个问题是混淆和颠倒了是非界限的。①勇敢、英雄与亡命之徒；②光荣与耻辱；③美丑与香臭；④高尚品质与低级下流；⑤自由与纪律、民主与法制；⑥正当友谊与哥们义气；⑦自己的乐趣、幸

福与别人的痛苦、悲惨遭遇；⑧公和私、个人和集体；⑨诚实和撒谎；⑩崇拜的正反面人物；⑪理想与前途的高尚与低级。上面11种错误认识的核心是两大精神支柱——封建主义的哥们义气和剥削阶级的吃、喝、玩、乐的享乐主义，三种错误观念——亡命之徒式的英雄观、无政府主义的自由观和低级下流的乐趣观。[①] 可见，要使青春期孩子不出现危机或违法行为，就要帮助他们分清这些问题上的正确与错误的界线，提高其道德认识水平。

在一般的青少年中，他们虽然理解了某些道德要求，但是，并不一定能立刻接受它们，用以指导自己的行动，甚至拒绝接受这些要求。教育心理学中称这种现象为“意义障碍”。即在头脑中存在某些思想和心理因素阻碍他们对社会道德要求、意义的理解，从而不能把家长或教师提出的这些要求转化为自己的需要。研究认为，“意义障碍”经常是在下列情况下产生：①家长对孩子提出的要求不符合孩子原有的需要，与其原有需要相对立和冲突。例如，孩子需要开展一些文娱活动，而父母却要求孩子成天埋在书堆里。②家长对孩子的要求过于频繁，一件事情还没有做完又要孩子去做另一件事情，而又不严格检查执行情况。③由于孩子的认知发展水平和生活经验的局限，对家长的要求的实质产生误解。例如，当父母询问交友对象时，目的是为了指导孩子开展社交。可是，孩子却认为父母在干涉和限制他的交友。④家长向孩子提出要求时，采取强制命令的办法，有损于孩子的自尊和人格。⑤家长在处理其他问题时不公正而引起孩子的消极态度的迁移。可见，让孩子理解社会道德规范和行为准则还是不够的，还必须使他相信家长的要求，消除各种认识和情绪方面的心理障碍，能真正从内心接受并转化为自己的主观需求去指导行动。为此，就必须事先考虑到如何有针对性地防止“意义障碍”的产生并及时发现和给予纠正。

① 罗大华：《违法青少年的心理特征及其形成》，《犯罪心理研究》，贵州人民出版社，1985年版第131～132页。

提高道德认识的另一方面就是要提高道德评价能力。所谓道德评价，就是指孩子能应用已经掌握的道德知识对已发生的道德行为的善恶进行分析、判断的过程。道德评价能力是逐步发展起来的，对于儿童期的孩子，一般都是从以师长的评价为标准逐步发展到能独立地以自己的认识为标准去对别人的行为进行评价。在进行评价时，先是以行为结果的严重程度为标准逐步发展到以行为动机的善恶程度为标准去对别人的行为进行评价。从儿童直到青少年期间，对于自己的评价之正确性往往落后于对于别人评价的正确性，也就是说，少男少女能够对别人的行为作出正确的评价，但是不善于全面客观地分析自己的行为，往往带有很大的片面性。青少年的道德评价仍带有较大的片面性，常常根据一个人行为中的某一点而对人的道德品质作出全面肯定或否定的评价结论。这些特点都是与其思维发展的水平和特点有密切联系的。上海师范大学心理学教授李伯黍在品德心理的实验研究结果中指出，开展经常性的有关道德问题的讨论，对于青少年的道德评价能力有良好的促进作用。

2. 道德情感的丰富。

道德情感是一个人的道德行为的内在动力，是道德需要是否得到实现（满足）所引起的一种心理体验。按照情感体验的表现形式可以把道德情感分为积极的和消极的两种。例如，一个人主动地帮助他人解决某个困难而得到他人的感激和谢意时所产生的一种愉快的心情，就属于积极的道德情感体验。如果一个人做了一件对不起他人的事情，受到了舆论或他人的批评时，自己良心上受到遣责，产生一种内疚、难过甚至痛苦的心情就属于消极的道德情感体验。

对于一个人的社会化来说，不论是积极的道德情感体验还是消极的道德情感体验都是必需的。积极的道德情感体验可以巩固道德认识，增强道德行为的动力，提高道德行为成功的自信心，调节人际关系和心理平衡。消极的道德情感体验也有助于提高自己的道德认识水平和行为的自我控制能力。所谓“吃一堑长一智”、“失败乃成功之母”就是这个道理。但是，一般说来，我们应该提倡积极的道德情感体验为主。这样有利于良好人格的加速发展。消极的道德情感体验虽然有其积极方面，但也有其消极的一面，可能使一个耐挫能力差的人经受不了严重挫折的打击而消沉、自卑，加重了人格的畸形发展，甚至绝望自杀。在这里，我们还需要明确另一个问题，就是要分清消极的道德情感体验与反面的道德情感体验这两个性质完全不同的概念。消极的道德情感体验属于行为的负强化。它是让一个人形成符合社会化要求的正确的回避行为和增强自我控制能力。这是道德情感培养的一个不可缺少的方面。反面的道德情感体验属于行为的正强化。它是强化了一个人的错误行为，削弱了一个人控制非分行为的意志力。它是我们在道德情感培养方面要力求避免和消除的东西。家长对孩子溺爱和包庇纵容的态度基本上就属于后者。它会使孩子得到反面的情感体验，强化了孩子的错误行为，形成异常人格，甚至走向犯罪道路。因此，在家庭教育中，家长对于孩子第一次出现的错误行为不能迁就姑息、包庇纵容，必须给予必要的相应的批评惩罚，力求避免让孩子形成反面的道德情感体验。那种认为做了一次错事没关系，甚至还可以得到父母的夸奖的教育态度和方法是有害的，它可能把孩子推向犯罪的道路。

按道德情感的社会功能和性质可以分为高尚的道德情感和低级庸俗的非道德情感。为他人、为集体和社会做贡献过程中所表现出来的是属于高尚的道德情感。如集体主义、爱国主义、人道主义、同情心、义务感、责任感、荣誉感、自尊心等等。为谋取个人私利而不择手段的活动中表现出的是低级庸俗的非道德情感。如自私自利、嫉妒猜疑、残酷、幸灾乐祸、落井下石等等。根据社会化的要求，我们要努力培养孩子的高尚情操和道德感。这样就可以使孩子在青春期不至于出现所谓的危机。我们从犯罪青少年身上也可以看到，他们所以走上犯罪道路，与其严重的非道德情感有直接关系。他们缺乏起码的同情心，把自己的快乐建筑在别人痛苦的基础上。有的用气枪打人取乐，有的拿别人的肉体试

刀开心，有的把别人打得流血而感到高兴，有的看到被盗者号啕大哭而感到好笑。他们往往感情用事，用哥们义气取代一切。人的每一种情感都有其两极性。不论是高尚的道德情感的培养，或是低级庸俗的非道德情感的形成都有一个逐步发展和深化的过程。例如，以一个人的同情心这种道德情感来说，向高尚程度的发展可以从一般的怜悯、同情，发展到愿意在一定条件下帮助他人，然后再发展到无条件地乐于助人的意境，如杀身成仁、见义勇为、舍生取义就是同情心发展到高峰的具体表现。如果是低级庸俗非道德情感的形成，开始是从对人冷淡发展到嫉妒、幸灾乐祸，然后再发展到落井下石、残酷、置人于死地。可见，我们要化危险为安全的教育，就是对孩子从小就应该教育训练他们同情别人、关心体贴别人、尊重和帮助别人。不能因为是自己家里人就原谅孩子，让他不顾别人而为所欲为。这样下去会使孩子养成自私、冷淡、残酷的非道德情感，不会同情、体贴、关照他人，为他人着想。对于青春期的孩子，则要采取心理位置互换的办法，让他能设身处地、将心比心地思考一些问题。这样可以使其某些低级庸俗的非道德情感逐步得到改造。

道德情感的丰富是以道德活动为中介的。它在良好的品德的形成和发展中起着极为重要的作用。正确的道德认识如果有丰富的道德情感体验为基础，这种道德认识便可以转化为道德信念，形成良好的道德动机。一个人所形成的坚定的信念，就是道德认识与道德情感的融合体。我们要教育青少年树立实现共产主义的信念，不仅要让他们知道共产主义社会将是什么样的，而且还应该让他们从自己的亲身活动中体验到共产主义理想的好处。离开了个人的情感体验而只有口头说教是不可能形成信念的。相反地，我们从一些顽固不化的利己主义者身上也可以看到，他们认为人都是自私的。他们从自己的体验和社会现象中看到自私行为所得到的好处时，他就会形成一个“人不为己天诛地灭”的信念而难以改变。在当前开展青少年的理想前途教育中，我们要十分重视丰富他们的道德情感体验。只有在良好的、丰富的道德情感体验这种催化剂的作用下，共产主义理想才有可能转化为坚定的共产主义信念。

3. 道德意志的锻炼和道德行为的训练。

道德意志是指人在实现自己的道德需求的行为过程中所表现出来的意志力。它包括两个方面：一方面是经常用高尚的道德动机去克服低级庸俗和非道德的动机。例如，以助人为乐的动机去克服只顾自己、不顾别人的动机，用遵纪守法的动机去克服违法乱纪的动机。另一方面就是在行动中排除内外障碍，克服主观与客观方面的种种困难，把道德动机所引发的道德行为的决定坚持实施到底。例如，个人的知识经验不足、感知觉不敏捷准确、记忆力不很强、想像力不十分丰富、思维不十分发达、体质不十分强壮都可能成为个体内部障碍和困难而影响决定的坚持执行。家长老师持冷淡甚至反对的态度、物质设备条件差、同学同事讽刺打击、严酷的自然条件、事物的复杂性等等均可成为客观的外部障碍和困难而影响决定的坚持执行。可见，道德意志是以道德信念为基础的。它既体现在道德行为的训练过程中，又在道德行为的训练过程中不断地得到完善和发展。可以说，既没有脱离道德意志的道德行为，也不可能有离开道德行为的道德意志。这是对孩子进行道德意志锻炼和道德行为训练必须首先明确的问题。

一个人的道德意志和道德行为是衡量一个人的道德水准高低的关键性指标。一个人的品德高尚不是看他的宣言如何，而是看他的行动如何。毛泽东同志说："一个人做点好事并不难，难的是一辈子做好事不做坏事，一贯的有益于广大群众，一贯的有益于青年，一贯的有益于革命，艰苦奋斗几十年如一日，这才是最难最难的啊！"[①] 就是说，道德意志和行为的锻炼必须经常反复地进行，"贵在坚持，持之以恒"。这是对孩子进行道德意志锻炼和道德行为训练的第二个问题。

道德意志是否坚强，对于道德行为的坚持起着关键性作用。一个人的道德行为主要受如下四种主客观因素的影响：①个人对某一事物的需求性质和强度。例如，一个人的集体主义思想越强，他就越能为集体做好事，甚至牺牲个人利益；一个人越是自私自利，他就越是不愿帮助别人，更不愿意牺牲一点个人利益。②客观事物诱惑力大小。客观事物越是新颖奇特，诱惑力就越大；如果都是习以为常的事物，就不会具有多大的诱惑力。③客观环境给行为成功所提供的可能条件。客观条件越是有利于某一行为的成功，这种行为产生的可能性就越大；客观条件越是不利于某一行为的成功，某一行为发生的可能性就越小。④个体的意志力特别是自我控制和调节的能力的坚强程度。它是四个因素中最重要最关键的因素。一个人的意志力越坚强，就是在诱惑力再大的事物面前，在再好的条件下也能克服不良的需求欲望，越能抵制具有强大诱惑力的事物的侵袭而不致发生越轨行为。相反地，一个人的道德水平不高尚、道德意志薄弱，哪怕是在成功的条件很小、诱惑力不大的事物面前也可能发生越轨行为。可见，道德意志的锻炼和培养对于孩子的社会化来说

① 毛泽东：《吴玉章同志六十寿辰祝词》（1940年1月15日），1940年1月24日《新中华报》。

是十分重要的。许多青少年之所以会犯罪，意志薄弱是个重要因素。例如，他们在道德观念不强的情况下，不能控制自己强烈的占有欲去偷窃别人的东西，或者不能控制自己突发的激情冲动去和别人打架斗殴，或是不能控制自己强烈的性欲冲动而去猥亵、诱骗、强奸异性。对于青少年来说追求异性、吃好穿好玩好等各种需求的欲望都非常强烈。这是处于青春期孩子生理与心理发展过程中的自然特点，是不可避免和阻止的。家长对此只能给予疏导而无法消除。对于孩子可能产生越轨行为的环境条件，家长虽然不能完全控制，但是，只要与学校、社会等有关方面积极配合，也是可以进行适当控制的。例如，合理安排生活作息制度，选择良好的同龄伙伴，组织和参加各种集体活动，提供良好健康的读物和活动场所，晚间不出门或结伴而行，不让孩子外宿等。这些都可以在一定条件下从不同的角度制约孩子可能产生的越轨行为。对于青春期孩子的意志力的锻炼则是比较复杂的问题。一方面要从提高孩子的道

德认识入手，调动其内部动力去克服非分需求和可能产生的越轨行为；另一方面要恰当地运用奖惩手段，用外力来调节和训练其意志力。奖励其符合社会规范的行为和消除非分欲望的表现，惩罚其非分欲求和违反社会规范的越轨行为。在必要的时候，家长还可以有意识地设置一些困难和障碍去锻炼和考验孩子的意志行动。

我们从上面的分析可以看到，一个人的意志力的培养是从小通过日常生活的各项活动去克服非分欲望和抵制各种不良诱惑物的侵袭的过程中形成的。例如，对于孩子的各种需要就要作些分析，看看是否合理。孩子的一些不合理的需求则属于非分的欲望，不应该满足，而要让孩子懂得不能满足的道理，并且在以后不再提出非分的要求。这种教育就是培养孩子意志力的过程。又如，家长分配孩子去完成一些力所能及的事情，也是培养意志力的过程。因为完成这些委托任务的过程，多多少少总要克服一定的困难或排除一些干扰。在这个克服困难、排除干扰的过程中意志力就会得到相应的发展。相反，对孩子的要求百依百顺，各种欲望从未受到一点制约，欲求行为从未受到过一点挫折，孩子的意志力就得不到发展。在社会生活中，一个人的各种欲望是不可能完全得到满足的，特别是非分欲望必然会受到限制。一个人从小就养成了别人对自己百依百顺、为所欲为的习惯的人，在以后的生活中，如果欲望有一点得不到满足，他就会感到非常痛苦，因而就有可能发生越轨、犯罪行为。同样，从小开始，什么事情都不做，连自己的生活都要家长照顾的人，在他的生活中就不需要克服任何大小困难，更谈不上有克服困难的能力和体验，也毫无克服困难的心理准备。这种人一旦离开家庭进入社会，就会适应不了生活、学习、工作的要求，也不会去克服和战胜困难，做一个生活的强者，而是成为束手就擒的生活的战败者，被环境所淘汰。例如，北京外国语学院某高材生，由于生活自理能力特别差，在大学期间的一切生活都仍由父母来照顾。当他被选定为出国留学生进行集训时，他由于成天忧虑自己出国后生活无人照顾，得了严重的生活恐惧症而不能坚持学习，最后不得不休学在家。所以，青春期孩子意志力的培养要从小抓起，只有从小就培养坚强的意志力，才能在困惑的青春期战胜各种干扰因素的侵袭而立于不败之地。

品德水准的提高所包含的道德认识、道德意志和道德行为习惯三个方面并不是孤立存在的。它们都是处于一种相互联系、相互制约、相互促进的统一体中。道德认识可以指导道德情感和道德意志发展的方向和深度，认识越清楚，爱得越深，行动越坚定。道德情感的丰富是以道德认识为前提的，不认识一个人，决不会去喜欢一个人，在喜欢和接触一个人之后又加深了对这个人的认识。道德意志和行为又是以道德认识、道德情感的发展为基础的，对某件事物认识越深刻，情感越深，所要得到它的行为就会越坚定，就能克服种种严重的困难和障碍，达到预期的目的。所以，孩子道德水准的提高必须同时注意不断地锻炼提高孩子的道德认识，不断地丰富孩子的道德情感，不断地锻炼孩子的坚强意志和良好的道德行为习惯。只有这样，孩子才可以安全地度过“危险期”。

八、法制观念的树立

法制观念是指一个人对法律及其执行意义的认识并成为调节行动的一种内部心理因素。它是个体社会化过程中必须完成的一项重要内容。人们称少男少女为“危险期”，其重要原因之一就是由于他们的各种需求强烈、认识片面、情绪不稳定、自控能力差、法制观念不强、容易受到外界环境的影响而出现违法犯罪行为。因此，加强对少男少女的法制教育、树立法制观念是预防青少年犯罪的一种重要手段。

我们要少男少女树立法制观念，就是要让他们懂得法律是神圣不可侵犯的。每一个具有法律责任能力的公民都必须遵守国家制定的各项法律，即所谓“法律面前人人平等”。谁触犯了法律，谁就要受到法律制裁。但是，一个人的法律责任能力有一个形成发展的过程。法律责任能力的形成与一个人的生理发育成熟、体力成长和智力发展是同步进行的。青少年期是性成熟时期，又是体力与智力迅速发展的时期。因此，人们认为，从 14 岁到 20 岁正是培养法制观念的关键时期。[①] 在这个时期他们已经有能力可以接受法律教育的种种要求。

少男少女的法制观念主要是通过法制教育的途径来形成的。就一个人的法制观念来说，不是先天就有的或是后天能自发形成的，而是在家庭和社会生活中，随着年龄的增长而受到的各种要求的影响和内在体验相结合的基础上形成的。这个形成有一个由低级向高级的发展过程。就是说，青少年的法制观念是在幼年期开始并养成遵守生活规则、社会规范的基础上发展起来的。如果在幼年期养成了遵守生活规则和社会道德规范的良好习惯，就能自觉地接受法制教育、形成法制观念，把自己置于法律允许的范围内去从事各种活动，自觉地以各种法律规范为标准去辨别是非善恶、选择自己的行动。如果从小就不遵守家庭生活规则，不受任何约束，无视社会道德规范，不遵守学校规则，不遵守公共秩序，到了青春期则难于接受法制教育、形成法制观念。所以，要形成孩子的法制观念和法律责任能力，必须从孩提时代从遵守家庭生活规则的训练开始。现在对青少年（包括成年人）进行普法教育，实际上是一种补偿教育，带有补课的性质。

家庭是社会的细胞。每个家庭都有自己的家规，其目的都是为了维持和发展家庭。尽管在一些家规中可能含有某些封建伦理道德在内，但是，从总体上说，它与社规、国法的要求是基本一致的。家庭生活中的有关生活知识、生活作息、生活规则、生活礼仪等方面的要求都属于初级生活准则，是青少年法制教育和法制观念赖以形成的基础，是预防青少年犯罪的第一步。这些生活规则虽然对幼童的本能欲望和活动进行了必要的限制和约束，但是，对于他们来说是能够理解和接受的。关键是家长能否拟定明确具体的生活规则并坚决实行之。若是孩子从小养成了

---

① 黄漫之主编：《中国青少年犯罪学》，群众出版社，1988 年版，第 342 页。

遵守生活规则的好习惯，就可以为日后法制观念的形成打下良好的基础，能够适应社会新的更高的要求。如果家庭中的生活规则不能实行，让孩子为所欲为，孩子就不可能形成遵守规则的习惯，更难于把遵守规则作为一种责任和义务。这样的家庭生活，则会为孩子日后抵制法制教育播下一颗不良种子。据研究认为，一些不懂得和不遵守生活规则的儿童，到了少年期以后则容易出现越轨行为。例如，生活中的“所有权”的观念就是生活规则的重要内容。要让孩子懂得别人的东西是不能随意拿的。哪怕别人的东西再好，自己再缺都不许私自拿走，只能借用。这是一条重要的生活准则。在家庭内也应该如此。只要不是自己所属的东西，都不能随意乱拿乱用，而要事先得到父母等人的允诺才能动用。如果不能形成所有权观念并尊重他人的所有权，就会形成强烈的非份的占有欲，就可能从贪小便宜发展到小偷小摸，再发展到违法犯罪。

幼儿期的生活规则的教育也是为儿童、少年期遵纪守法的社会生活准则和社会道德教育作准备的。因为法制观念的形成并真正成为青少年个体预防越轨行为的自控力，只有生活规则而没有社会道德的修养是不可能实现的。所以，社会生活准则和社会道德的修养是青少年法制观念形成的第二个基本条件，是能否预防犯罪行为产生的关键所在。我们从现实生活中可以看到，不懂得或不遵守社会生活准则和社会道德规范、缺乏道德修养的人，往往会无视法律存在、践踏法律、以身试法、走上犯罪道路。相反，能遵守社会生活准则，社会道德规范和社会公德修养较好的人，基本上都能在法度范围内进行活动，维护法律尊严，自觉地遵守法律。人的社会生活准则和社会道德规范所具有的这种控制力，比生活礼节、生活规则大。因为它有社会舆论力量的支撑，对人的行为可以产生更大的外在约束力量。所以，在一个人形成了高尚的社会道德观念时，法制观念也就比较容易树立了。我们从上面的分析中可以了解到，少男少女的法制观念的树立是沿着生活规则观念——社会生活准则和道德观念——社会法制观念这样一条路线由低级向高级发展过来的。这就告诉我们，青春期孩子的越轨行为，与其幼童时代未形成正确的生活规则和社会生活准则观念有直接关系。要防止孩子到了青春期可能出现越轨行为，必须从幼儿期起就要养成遵守家庭生活规则和社会道德的良好习惯。

少男少女的法制教育要根据青春期孩子生理与心理发育特点而有针对性地进行，让他们懂得必须尊重他人的财产权、人权（包括人身安全和自由的权利）、公民所享有的各种权利，懂得哪些行为是违法犯罪行为，怎样做才算是个遵纪守法的好公民。

对少男少女实施法制教育是形成法制观念的基本途径。这不仅是学校和社会的事情，更是家长不可推卸的责任。对于少男少女的法制教育，可以从总体和局部两个方面来考虑。在总体上，要按照党中央和国务院提出的用五年左右时间向全体公民基本普及法律知识为目标，使青少年增强法制观念，做到知法、守法，养成依法办事的习惯。

在对少男少女进行各种法律知识的教育时，可以通过多种形式进行。例如，既可以运用感性的、形象的，有真实事例的典型条件，有艺术的典型形象（如小说、电影、电视等）等生动具体的形式进行预防性教育，也可以用理性的抽象的形式进行学习。如法律条文的学习讨论、案例的分析、个别交谈、理论的报告等。据研究认为，对于青少年所进行的各种形式的法律知识的系统学习，是形成青少年的法律观念，使他们自觉地清除犯罪内因、抵制犯罪外因的有效措施。所以，家长应积极配合学校和社会，根据不同的地区、不同年龄和性别等方面的实际情况进行系统的由低级到高级的法制规范的学习。

如果从局部角度考虑，青少年的法制教育可以根据青少年犯罪频率最高的一些方面进行预防性教育。根据全国六省一市5千多青少年犯罪的调查，盗窃等五个方面是犯罪率最高的犯罪行为，见表26。

表26　青少年犯罪行为分类

犯罪行为分类	人数	百分比（%）
盗窃	1762	33.0
强奸	908	17.0
抢劫	836	15.6
流氓	831	15.5
伤害	323	6.0
其他	690	12.9

我们从表26中可以看出，青少年盗窃犯罪居首。这主要是严重的利己主义的占有欲所导致的。[①] 这说明家长对孩子的法制教育，要把形成正确的占有观念放在首位。强奸犯是第二位的罪行，这是错误的性观念与强烈的性冲动相结合的产物，是缺乏人性和人权观的具体表现。由于这种犯罪行为对象是人而不是物，会造成更为严重的社会后果，因

① 黄漫之主编：《中国青少年犯罪学》，群众出版社，1988年版，第344页。

此，必须进行超前性教育，并且把性教育与性道德、性法律教育结合起来。抢劫罪虽居第三位，但它属于比盗窃更为严重的犯罪。因为它经常与杀人、强奸等恶性犯罪相伴随，所以也必须十分重视。流氓罪主要是绝对自由、民主的无政府主义思潮的产物。这种法制教育要和纪律教育相结合。伤害罪的动机比较复杂，从其产生的情境上看，多是在由于某些事情的冲突而引起强烈的激情无法控制的情境下发生的。这方面的法制教育应与情感教育和意志锻炼结合起来进行。

九、性知识的超前教育

我们这里讲的性知识是一个广义的概念。它不仅指性解剖生理、性心理、性卫生等知识，而且包括性文化观念、性道德、性法律等方面的知识。可见，我们讲的性教育，实质上就是讲如何做一个合格的男人或如何做一个合格的女人的人格教育。只有从这个角度来理解当今的性教育，才会使我们站得更高、视野更开扩、主动性更大、收效更明显。

这里讲的超前有两层意思：一是家长应在孩子的第二性征开始出现并有明显变化之前就要适时适度地把有关方面的知识告诉孩子。这样就可以让他们对自身的生理与心理的急速变化有心理上的准备，不致感到突然而产生种种焦虑不安、恐惧和害怕的消极情绪，影响身心健康。据研究认为，事先没有任何精神准备突然来月经的女孩，要比事先进行过指导的女孩更讨厌月经。而且她们中很多人都抱有蔑视女性自身的观念以及女性劣等的自卑意识，还有不少人为痛经所苦恼。与此相反，一开始就对初潮有

心理准备并对此怀有几分期待的女孩，对自己的性别却充满自信，而且价值观念、审美意识也相应的增强，为自己肩负了创造新生命的使命感到无比自豪。她们以极其轻松愉快的心情迎来了自己生理上的反应。从许多案例的调查表明，凡是走上诸如男女淫乱、卖淫等性犯罪道路的少女，其初潮时的情形往往都是很悲惨的，她们中有的事先没有得到任何指导，有的则自己一个人悄悄地处理了；有的少女还因此被打得头破血流。二是家长应该在孩子出生之后，就通过家庭日常生活的各种形式、渠道，有意识地进行直接或间接的有关性的教育。这样就可以使孩子能顺利地进行并通过青春期。美国“性信息和性教育理事会”主席玛丽·考尔德伦博士说：“尤其是五岁之前，乃是性教育特别紧要而有效的时期。”我国著名的性教育专家阮芳赋说：“性教育的更关键的时期，却是在出生后最初的几年，是在婴幼儿时期”，“应该从一生下来就开始（即从零岁开始）。事实上，性教育从零岁开始，较之一般的早期教育从零岁开始，更为重要。因为婴幼儿时期种下的错误的性观念，有可能毁掉一个人此后一生的正常生活。这不是对他们要照本宣科讲大道理，甚至也不一定要通过语言。各种非语言的和语言的潜移默化，是接受教育极为重要的途径。对于儿童的性教育，关键是不要让儿童在不知不觉中形成以性为不洁、为可耻、为禁忌、为堕落、为下流的错误观念。至于具体的性知识的讲解，那是在青春期行将开始的任务。”①

对孩子进行性教育或超前性教育，对于长期受封建性文化束缚的我国人民来说，不一定都完全能接受。在“谈性色变”的社会心理环境下，成人自己都认为“性”是可耻下流、不正经的字眼，当然就难于对孩子进行教育引导。但是，随着时代的向前发展，人们的性观念已起了变化。不论是国外还是国内，同意对孩子进行性教育的家长毕竟是多数了。在国外不仅欧美国家，就是苏联的高中也开设了青春期性教育这一

① 阮芳赋：《性教育漫谈》，北京教育出版社，1986年版，第19～23页。

类的课程。在日本小学四、五年级就开始了月经初潮指导等方面的性教育。我们国家在中学也已经开设了以性教育为主的青春期教育课。上海市在调查家庭青春期性教育现状时，多数家长对于宣传性教育和学校开展性教育是支持的。见表 27、表 28。①

表 27　家长对宣传性教育的态度

态度	应宣传	不应宣传	其他
%	79.72	26.76	3.52

表 28　家长对学校开展性教育的态度

态度	很有必要	可有可无	没有必要
%	72.35	21.27	6.38

日本政府于 1974 年在全国范围内作过一次社会调查，结果有 80%的教师、90%的父母认为在学校进行性教育是必要的，60%以上的教师和父母认为在学校进行性教育时家庭应和学校合作。②

性教育的目的是要消除孩子的性迷信、性神秘感、性禁忌、性愚昧和性恐惧感，普及性科学知识，建设现代的性文明。因此，性教育的目的本身就说明性教育必须超前，而不能落后于性生理发育。否则，性教育就失去了其真正的教育意义了。

超前性教育是满足孩子求知的需求。少男少女对性知识的渴望是合理的正常的。如果没有一点这方面的要求倒是一种异常现象。对于它们，应该像掌握其他学科知识一样来对待。因为性知识是人类在不断地认识自身发展规律中探求出来的文明和智慧的结晶。可以说，世界上的所有学科中，没有一门学科能像性科学知识那样与每一个人都休戚相

---

① 李兆源：《上海家庭青春期性教育现状》。《青少年犯罪研究》，1990 年第 2 期。

② 阮芳赋：《性教育漫谈》，北京教育出版社，1986 年版，第 6 页。

关。孩子从出生到长大成为一个合格的男人或女人，都是父母从小就对他们不断地进行正确的性角色培养的结果。对于青春发育期的性成熟和性卫生（如女孩的月经初潮和男孩的遗精等现象）也是父母应该过问的事情。父母和儿女朝夕相处，对孩子的变化最容易了解。由于血缘和抚育关系，孩子也最听父母的劝说。在和谐轻松的家庭生活中，可以自然地没有什么神秘感地讨论性和男女结伴和社交等问题，孩子就比较能接受科学的性教育，满足其求知欲和好奇心的需求。这样就不致暗地里到处去了解、寻找答案，甚至去偷看黄色书刊和录像而误入歧途。现实生活中的事实也告诉我们，孩子对性知识的追求是一种自然现象。孩子头脑中的这块知识领域是不可能长期处于空白状态的。男女孩子随着自身阴毛的出现、阴茎的变大变长、乳房的突出，都会产生好奇、神秘、不安甚至恐惧心理。他们迫切地想知道这里面的奥秘，所以渴望了解性知识。家长和教师不灌输给他们，他们就必然会自己盲目地独自探求了。

见表29。[1]

表29　上海市1698名中学生性知识来源统计

来源	男生（%）	女生（%）	来源	男生（%）	女生（%）
电影	35.7	40.6	父母	2.6	23.9
电视	39.8	35.7	同学	4.2	9.3
文艺书籍	20.3	10	朋友	8.1	6.8
医学书籍	21.4	37.3	社会上	10	10.2
刊物	32.9	30	学校教师	2	4.5
报纸	37.1	20.3			

我们从上表中可以看出，性教育这个领域如果家庭、学校不去占领，而完全让孩子自己去探求将会是十分危险的。因为社会性教育特别是街头巷尾的个体小书摊、放映室、录像室还充满着腐蚀灵魂的色情因素。有位犯罪少女曾经自述："我今年18岁，在中学读书时成绩很好，一直担任班干部。当我上高中一年级的时候，看见有些女同学和社会上的男人混在一起，我非常讨厌，多次和她们交谈，做她们的工作。但她们却说我思想不解放，不像80年代的青年，并劝我看一下外国录像，思想也就会解放了。后来她们带我看了几次录像，我觉得很新奇、很有意思。我错误地认为，性解放就是性关系的随便。既然外国女人都是这样，中国以后也是这样。于是我开始和一些男流氓鬼混，以致堕落。"[2]至于在中学生中传阅《少女之心》等手抄本后去寻找性刺激而失身、犯罪者就更为严重了。例如，上海市一个性犯罪少女说："我在初一时已经月经来潮，很想知道这方面的知识。一次偶然的机会看到一本淫秽手抄本，看了一遍不大懂。到了初二我想再看一遍。这次看得很仔细，所描写的男女之间的性的情境深深地印在自己的脑海中。有时控制不住自

① 邓明昱、王效道编：《性心理学探索》，上海科学技术出版社，1989年版，第57页。
② 邓明昱、王效道编：《性心理学探索》，上海科学技术出版社，1989年版，第57页。

己的情感，就主动和男同学接近。在一次我控制不住自己的情况下失身了。以后我就变得无所谓了，头脑中老想着男女之间的性生活。”又如，某校初中一个班，初一时是学校的先进集体，40多位天真纯洁的学生健康地成长。到初二上学期时，班上大部分学生偷偷传阅了一本黄色手抄本。半个月之后，这个班成了乱班，上课传“情书”，下课谈情说爱，期中考试成绩明显下降。有的女青年看了淫书之后，与男性胡搞，未婚先孕，人工流产，心灵上受到创伤，造成终身遗憾。[①] 如果我们主动地对孩子进行超前性教育，进行正确的引导，这些孩子也许就不至于被社会上的黄色书刊和手抄本所拉过去。这不能不说是家长和老师的一种渎职行为。

超前性教育是培养健全人格的需要。我们在前面已经提到，当代少男少女的这一重要矛盾现象就是生理早熟与社会性晚熟之间的矛盾。他们比母亲那一代早熟一年左右，比祖母那一代早熟约二年。但是，另一方面，青少年独立地走向社会应该具有的人格特质的年龄却比以往要晚几年。这就形成了身体成熟与社会人格成熟之间的不平衡状态。调整这种不平衡状态需要从许多方面去做工作。但是，最重要的工作之一就是要用性知识去唤醒他们的自尊心和羞耻感，以性社会道德伦理观念去控制和调节生理上的本能冲动。我们从一些性无知者的行为中可以反证超前性教育有助于健全人格的发展。有位小学六年级的女孩和一位中学男孩发生了性关系。当别人责问她为什么要和这位中学生发生性关系时，她却感到迷惑不解地说：“为什么不可以呢？”脸上还露出十分天真的样子。还有一个初一女学生怀了孕，母亲都不知道，只奇怪地发现孩子怎么发胖了。这个女孩作为当事人，虽然承认有过性体验，但对怀孕一事却几乎全然不知。有的孩子由于缺乏性道德观念，对于随便发生性关系还自鸣得意。可见，当他们还没有充裕的时间很好地造就自己的独立人

---

① 国家教委体育卫生司、《人民教育》编辑部编：《中学生青春期教育百题问答》，北京大学出版社，1988年版，第78～79页。

格之时，性风暴突然袭击而来，他们觉得茫然，越轨也就难免了。如果我们能进行超前性教育，懂得必要的性生理与性心理知识，形成了自尊、自爱、自立、自强的独立人格，就不会把性行为当做儿戏，而会把它作为一种责任而严肃对待。周恩来同志在世时就多次指示，要在女孩子来月经之前，男孩子发生首次遗精之前把科学的性卫生知识教给他们，让他们能用科学知识来保护自己的健康，促进正常发育。[①]

超前性教育也是时代和家庭环境急速变化的要求。随着科学技术的发展，社会性文化的变化，改革开放的深入，我国人民的性观念也在起着巨大的变化。性信息充斥整个社会文化市场，导致家庭、学校有关性的生活环境也起了急速变化，远远超出了家长们和成年人的想象。尽管政府三番五次地开展“扫黄”运动，但是，“黄色瘟疫”并没有因此而消除。由于提倡独生子女政策，以夫妻性爱结合为核心的小家庭日益增多，它比以往三代同堂的家庭来说，其家庭生活环境和心理环境更具有浓厚的性色彩。由于提倡独生，使得孩子们就不能像以往的多子女大家庭那样，有各种复杂的兄弟姐妹关系，从而也就失去了向他们的兄弟姐妹们学习模仿的机会。正因为他们缺少了与异性人体、人格等接触的机会，反而会对异性产生异常的兴趣、好奇心和神秘感。清代戊戌变法的著名领袖谭嗣同在他的著作《仁学》中比喻性知识时说：“把东西秘密地藏在匣子里，不让人看，那么别人想看的心情就会愈加迫切。”所以，他主张向男女青年进行性教育，使人人皆悉其所以然，知道性行为不过是男女生理上正常的要求，就不会因为好奇而导致失足。独生子女在家庭中比多子女家庭的孩子有更多的时间和机会同自己的父母接触，更爱自己的异性父母并形成一种亲密感和信任感。这对孩子的异性意识的形成会产生多方面的影响。由于父母只有一个孩子，很容易用溺爱、娇惯的态度去迁就孩子，满足孩子的种种欲望。这就会养成孩子怕苦怕累、

---

① 胡廷益编：《性知识漫谈》，江西科学技术出版社，1985年版，第2页。

贪图享乐、害怕困难的不良习惯。孩子到了青春期，对于性冲动的自控能力就会很差，独立人格就难于形成，有可能会导致犯罪。由于追求科学、望子成龙的风气的影响，家长们往往把孩子死死关在书房里。加上丰富的营养和运动量的不足，使得孩子的性欲更加亢进、充溢，又无处发泄、疏导。在这种情境下，孩子的性危机就有可能一触即发。

作为家长应该怎样对孩子进行超前性教育呢？

教育者必先受教育。要使孩子树立科学的性观念，家长首先应该清除自己头脑中的思想障碍，树立起正确的性观念。当前家长的思想障碍主要有两个：①自己还存在一些封建的落后的性观念，阻碍接受科学的性知识。中国有漫长的封建社会历史。“男女授受不亲”、“男女有别”成为禁锢男女社交的训条。至于性知识的宣传更是“大逆不道”、“伤风败俗”的“下流事情”。因此，长期以来，人们处于“谈性色变”的恐惧、害怕的社会心理环境之中，而且不少志士仁人还因为去探索性科学

而遭到非难。家长们要真正开展性教育，就必须首先清除封建的性观念，认识到性教育是保证身心健康所必需，是增进个人幸福、家庭的稳定和幸福所必需，是揭穿封建礼教和假道学的骗人、吃人本质的有力武器，同时也是防止一个人性变态、性放纵和性机能障碍的有力武器。②担心性教育会起负作用。认为孩子本来就不知道的事，你告诉他，岂不是起到了“教唆犯”的作用？这是对性教育的误解。现代科学意义上的性教育不仅仅是指性器官的解剖生理知识，还包括性心理、性社会文化、性道德法律、性文明等教育。它是人格教育的重要组成部分。所以，性教育实际上就是如何做人的教育。即使是性器官生理卫生知识教育也用不着过分忧虑。周恩来同志早在 20 世纪 60 年代就多次指出：“有些人会有顾虑，怕孩子们懂得了性卫生知识会变坏。这可能会有，但毕竟是少数，我们要相信大多数的青年是好的。女孩子把月经叫‘倒霉’，一提怀孕就脸红。因此，要想普及性卫生知识，收到良好的效果，就一定要把它当做一件破除封建思想、移风易俗的大事来抓。要求讲的人首先要破除封建思想。在向青少年传授性卫生知识时，男女学生要一道听讲，不要分开。还要印刷出彩色的男女生殖器官的大幅挂图。要很自然地做好这件事，不要试图回避，更不要搞得神秘化。”① 所以，家长一方面自己要用性科学知识来充实自己，另一方面要坦然而毫无羞色地如实又巧妙地按孩子的年龄和接受能力实施科学的性教育。

对孩子进行超前性教育的内容应根据孩子不同年龄阶段的特点加以选择。例如，在幼童期，主要通过取名字、穿着打扮、玩具和游戏等方式形成正确的性别认同和性别角色行为，通过正确地回答和处理孩子提出的种种有关性的问题和发生的性行为（包括玩生殖器）来形成正确的性观念。对于幼儿所提出的性问题不回避、不撒谎，要真实自然地回答。幼儿有时出现的某种性冲动（如婴儿手淫）应听其自然，不予理

① 叶恭绍：《性知识手册》（阮芳赋主编）一书的“序”，科学技术文献出版社，1985 年版。

睬，用巧妙的方法转移其注意，切不可大惊小怪、严加训斥和打骂。否则就会使孩子头脑中留下生殖器是脏的、见不得人的、动不得的、丑恶的、令人厌恶的、要受惩罚的、神秘的、可怕的等错误的印象，形成“性抑制”（性压抑）的异常心理。有的孩子在幼童时形成强烈的顽固的性压抑心理，一生都无法改变，女孩长大后会出现性冷淡、性机能障碍，男孩则可能出现阳萎、早泄等性机能障碍。在幼童时还应该让他看到父母的、他人的裸体，使孩子对人体的裸体不以为耻、不以为怪，懂得性器官的科学名称，不阻止幼儿和异性玩，从小形成了对于裸体和与异性接触的自然态度，就可以形成一个人健康的性心理，有助于减少在成年后出现种种性问题。

孩子进入青春期，由于性生理成熟带来性心理的变化，性教育的内容也更为广泛。①青春发育期中会出现的各种生理心理上的变化和大体的时间等方面的知识应事先教给孩子。②了解性器官的结构与功能、月经、遗精、受孕生育的生理卫生常识。③性意识形成的过程和规律、与异性交往的健康方式。④指导孩子学会正确地阅读一些小说等文艺作品。⑤要孩子能恰当地区别友情与爱情的界线，懂得为什么不宜早恋早孕的科学道理，学会以恰当的方式拒绝他人的求爱和幽会，正确地对待和处理性冲动、手淫等问题。⑥不论是男孩还是女孩都应该树立正确的贞操观，严肃地对待爱情生活。⑦要树立高尚的人生观和道德情操，正确处理事业与爱情的关系，反对恋爱至上和杯水主义的爱情观。⑧要形成自尊、自爱、自信、自强的人格，学会自我保护。当孩子进入青春后期阶段，则应该了解恋爱、择偶、结婚、性生活、生育等方面的知识。目的是提高他们的正确择偶能力、性道德水平、性生活满意度、实行计划生育的自觉性和有关的知识技能水平，同时也是防止他们出现有关性的种种混乱和不幸，不致因为性问题而危害自身、危害他人、危害社会。

不论是儿童期的超前性教育还是青春期的超前性教育，都必须达到如下目标：①具有科学的与个体发展相适应的性知识；②形成正确的性观念和性态度，没有由于性恐惧和性无知而造成的种种错误的性态度；③所实行的性行为是符合社会道德规范和人道主义要求的；④有正常的性责任能力，做到“自我实现”；⑤能负责任地对性方面的问题作出正确的处理；⑥能较好地获得有关对性方面的信息并进行交流，以社会道德准则去处理两性关系，保证身心健康和家庭的美满幸福、社会的安定发展。

为了使超前性教育取得更好的效果，还必须遵守如下几个原则：①坚持实事求是和正面疏导原则。要克服不闻不问、放任自流或大惊小怪、捕风捉影、严加禁锢、训斥的倾向。②要坚持情感升华原则。不采取强制手段去压抑性欲本能冲动，而是采取转移注意、培养高尚情操、兴趣的方法加以升华。③防微杜渐原则。要及时地发现不良倾向并适时

适度地加以解决，不能让问题发展到严重程度再严加处治。④整体性教育原则。对孩子的性教育只是整个国民教育的一个组成部分。因此，性教育必须和人生观教育、世界观教育、理想前途教育、社会道德法律教育、高尚情操和情感教育、意志和人格教育紧密地结合起来。⑤一致性原则。对孩子的性教育应该做到幼儿期的教育与青春期的教育相一致和衔接，家庭内父母之间对性教育的态度、方法应该一致，家庭与学校、社会对性教育的要求相一致和配合。如果不能做到这些方面的一致，而是相互矛盾和冲突，就会使孩子无所适从或者由于疏忽而出现种种性问题。

十、同龄伙伴的选择

所谓同龄伙伴，是指年龄比较接近和玩得来的朋友。在孩子的独立性突变时期的一个重要趋势，就是青少年从与父母、老师和一般成年人的交往转向与自己年龄、地位相似的人之间的交往。这种交往方向性的变化在孩子 2～3 岁时就可以发现。他要去找他的同龄伙伴玩。正是“物以类聚，人以群分”。同龄伙伴之间的交往需要是与父母的交往所无法代替的。随着孩子年龄的增长，要求摆脱依附父母而独立自主的心理倾向越来越强烈。与同龄伙伴的交往也越来越多，作用越来越大。到了青少年期，同龄伙伴的作用往往取代了父母、老师的教育作用。所以，要预防青春期的少男少女发生危机，选择同龄伙伴的问题必须引起家长的充分注意。

据研究，与品德良好的同龄伙伴的交往有如下的特殊作用：①可以给孩子心理上带来一种稳定感、安全感。孩子进入青春期后，一方面对于性生理与心理的成熟没有心理准备，许多该知道的东西不了解，感到困惑、焦虑；另一方面，由于家庭、学校又没有给予系统的性教育，对许多问题困惑不解，社会上道听途说的性信息又是一鳞半爪的东西。而在同龄伙伴之间便可以倾吐自己内心的疑虑，交流彼此的思想情感体验，缓和心理上的矛盾状态，促使心理恢复平衡。②可以学到以礼待人的知识和经验。同龄伙伴之间合理的友好的交往不像家庭内父母与儿女之间的交往，它是建立在平等互助的基础上的。正如法国作家莫里哀所说："学校里的同学是比父母更好的教育者，因为他们无怜悯心。"③有利于形成自尊心、自信心和同志式的平等的爱。通过与伙伴的交往可以从中了解自己的角色、地位，得到伙伴的肯定性与否定性的评价，有利于认识自我、完善自我。④与异性伙伴之间的交流还可以调节性紧张心理，消除对异性的神秘感和好奇心，在可能条件下还可以产生纯真的爱情，为日后的生活做必要的思想情感上的准备。

相反地，如果是结识不良伙伴，则会使孩子受到坏的影响。从许多犯罪青少年身上就可以看到这个问题的严重性。例如，一个普通工人的儿子，在小学连续三年被评为"三好"学生。到 12 岁进入青春期时，对那些流氓、偷盗、打人、污辱妇女的事开始时感到惊奇。后来结识了不良伙伴，对这些坏东西却变为羡慕、钦佩。到 13 岁上初中二年级时，更不愿学习，经常逃学和一帮哥们赌钱、遛大街。父母知道后，骂他打他，他就不回家。在外面与哥们混在一起胡搞，到处追、截、猥亵奸污同学，用下流残酷的手段去摧残女性。最后被管制时年仅 15 岁。据研究，结识不良伙伴的方式主要有：①通过抽烟、聊天、讲下流故事、桃色新闻；②班级座位接近，平时交往较频繁；③居住地点相近（如邻居、同一栋宿舍、同一条街道、同一个乡村），上学、放学来回的路上常常同行；④兴趣、爱好和特长相同（如喜欢下棋、打牌、踢球等），常在一起活动和交谈；⑤生理发育方面有不足之处，怕别人欺侮，想找个保护人和靠山；⑥在学校学习成绩不好，或由于某种原因，受到学校老师的批评、处分，逃学在外或者家庭教育不当。孩子被迫离家出走，流浪街头，结识坏人，加入不良团伙，一般都是通过吃糖、抽烟、看电影、上馆子被引诱入伙的。他们从谈吃喝玩乐发展到追求吃喝玩乐，从无目的地在大街上东游西逛发展到有目的有计划地搞歪门邪道，从对文

化学习不感兴趣发展到旷课、逃学、自动离校。他们的活动都是背着家长干的。这就给家长的教育管理增加了许多困难。因此，对孩子的日常活动和伙伴关系性质一方面要仔细观察了解，另一方面要讲究教育艺术并及时给予正确的引导。如果对孩子进行打骂限制，会引起孩子的反感，使他觉得伙伴可亲，伙伴能尊重他的愿望，满足他的要求，因而只听伙伴的话，不听家长的话。对于伙伴关系性质的好坏可以从如下几个方面进行了解和分析：①伙伴的品行倾向如何，在学校有无受过处分。②与伙伴一起时的活动内容是什么，是否在一起谈论男女和对异性评头品足、下饭馆、逛商店、打架斗殴、看淫秽书刊和录像等。③有无结拜兄弟。据研究，受哥（姐）们义气毒害和结识坏伙伴者犯罪的最多、最严重、最突出。所以，从小引导孩子树立正确的是非观念，结识良好的伙伴对于安全度过青春期是十分重要而又复杂的工作。

十一、家长的身教

常言说："有其父必有其子。"这不仅指孩子的外貌与父母极为相似，而且孩子的言谈风度、兴趣爱好等都有与其父母相同的地方。最典型的事例莫过于"世家子弟"。有的家庭几代人都从事化学方面的研究，有的家庭几代人都是游泳健将，什么演员世家、音乐世家、教师世家亦不少。这些世家子弟也许在遗传信息的密码中就会有某种特殊基因。但是，更重要的是他们出生之后就生活在父母的这些特殊爱好的活动环境中，耳闻目睹父母的这些活动。他们一方面出于对父母的这些活动感到好奇而进行模仿学习；另一方面也自然要受到父母有意无意的言传身教的影响。久而久之，孩子自然就成了父母事业的接班人了。这是人们比较容易发现和认识的社会心理效应。但是，在孩子的人格形成方面是如何受父母的潜移默化的影响，这个问题却仍未得到家长们的充分注意。不少家长往往是我行我素，不考虑自己的言行对孩子的影响如何。一旦孩子形成不良品质或出现某些问题时就埋怨孩子不学好，而不仔细想想自己在教育中有哪些失误。这种埋怨不仅没有使孩子的问题得到解决，相反地却增加了父母与子女之间的思想隔阂和情感障碍。所以，家长必须自觉地重视自己的身教在孩子的人格训练与教育中所起的重要作用。

有人说，家长的行为是一部不成文的教科书，它包含有极其丰富的内容。还有人说，家长的行为是无声的命令。家长的每一个行动都会给孩子的心灵留下强烈的印象，影响着孩子的发展。这是对家长身教意义的高度概括和精辟的论述。它反映了家庭教育的客观规律。孩子由于认知发展水平所限，他们对于生动具体有客观实际效果的事物比较容易理解并感兴趣，加上他们的求知欲、好奇心特别强烈，模仿能力强，所以，家长的一言一行都逃不脱孩子敏锐的目光，自然地成为孩子模仿学习的榜样。另一方面，父母白天都在完成本职工作，只有工余时间才能呆在家里，而且还忙于各种家务劳动和生活安排，没有较多时间像学校老师那样系统地辅导孩子。所以，在家庭教育内容上自然具有较大的随机性。因此，就不可能像学校上课那样系统地按部就班进行。尽管如此，父母的言传身教仍不失为一部内容丰富的教科书，是一种没有声音的上课新形式。因为生活本身就是学习。

心理学家曾经做过许多有关模仿的比较实验，即把孩子分为三个相等的小组。分三个阶段进行，第一阶段是对每个组的孩子都提出共同的行为规范的要求。第二阶段是在理解实验者所提出的言语方面的要求后，分别给予不同的影响：甲组给予良好的正面的榜样影响，乙组给予不良的反面的榜样影响，丙组则不给予任何正反面榜样的影响。第三阶段是按统一要求和做法对三个组的孩子分别进行个别测验。测验的结果，甲组最好，丙组其次，乙组最差。这就说明，榜样比语言要求的作用大。如果有好榜样加语言要求，教育效果最好。如果是坏榜样，可以完全抵消语言要求。即坏榜样的作用比说教的作用大得多。

在日常生活中，只要家长仔细留心观察一下孩子的品行，回顾对比一下自己的为人，就不难发现父母与子女之间在许多品行上何其相似。这种相似也许是父母所不注意或不愿意看到的。但是，它毕竟是在父母的言传身教影响下形成了。例如，有的父母极为老实，待人十分真诚热情，心地比较善良，乐于助人，不论谁有困难求助于他们，他们都能热情帮助。他们的孩子在父母的这种良好榜样行为的影响下，也形成了这些良好的品质。相反，有的父母比较圆滑世故，做什么事情首先是考虑对自己是否有利，会不会吃亏。凡是吃亏不能得利的事他们都不干，待人比较虚伪，当面一套，背后又是另一套，经常说假话、骗人，善于吹牛拍马。孩子对他们的一言一行都心领神会、铭记在心。天长日久，孩子也形成了像其家长一样的两面人格，家长还自鸣得意称赞孩子“真聪明”。上面这两种类型的家长，在他们的头脑中绝不会有系统的“教材”并有意识地一步一个脚印地给孩子传授，而主要是通过自己的日常生活，随机地处理各种问题时给孩子潜移默化所留下的印象。在一些犯罪

青少年中也可以发现，有的孩子的流氓盗窃行为与家长的行为影响有关。

家长的身教对于青春期的少男少女的影响更为重要。因为青春期的少男少女已经从儿童期的“听话道德”发展为“平等道德”。就是说，在儿童期是以听不听大人的话作为评判是非的标准。青春期的孩子则是以成人的行为实际表现，而不是成人的说教为标准来评判是非的。在这种情况下，父母的语言说教再好，而自己的实际行动却与说教相背离时，孩子是不会接受成人的说教的。所以，家长要求青春期孩子必须做到的，自己必须首先做到；家长要求青春期孩子不应该做的事，首先自己不应该做。

家长的言传身教渗透在家庭生活的每一个方面。因此，家长的所作所为都应该考虑到它将会给孩子什么样的潜移默化的影响。从孩子安全度过青春期的角度看，家长在如下几个方面的身教有重大作用。

1. 有明确的生活目标，有高尚的理想和追求，热爱生活，对工作认真负责，有强烈的社会责任感，而不是“与世无争”、不求上进、对工作马虎了事，不负责任，应付日子。

2. 有高尚的道德情操，安分守纪，奉公守法，廉洁公正，而不是作风不正，道德败坏，违法乱纪，贪赃枉法，腐化堕落。

3. 有良好的生活卫生习惯，讲究公共卫生和家庭卫生。合理而有计划地开支经济，不铺张浪费，不抽烟，不酗酒，不随便夜出外宿，不打牌赌博。穿着打扮要高雅、大方、美观、得体，而不是低级庸俗、花里胡哨。

4. 爱看书学习，有广泛的兴趣爱好，闲暇时间从事高尚的文娱体育活动和正当的社会交往等活动，不看低级黄色的书刊录像，不讲哥们义气，不结拜兄弟（姐妹）。

5. 情绪稳定，性格开朗、乐观、活泼大方，而不是情绪不稳定、忽冷忽热、变化无常、脾气暴躁。

6. 做事有始有终、敢于进取、不怕困难和挫折、有顽强的意志力，而不是虎头蛇尾、半途而废，害怕困难和挫折。

7. 夫妻关系和谐融洽、相互尊敬、相互信任和理解，而不是互相猜疑、互相提防和指责，更不是成天吵闹不休、打骂不止、闹离婚。家庭成员、父母与子女之间是一种新型的民主平等关系，而不能搞封建家长式的统治，什么事情都一个人说了算，不听取他人或子女的意见。家长对子女的教育应该是正面的诱导、说理和示范，而不是消极的限制和打骂训斥。

8. 待人热情、诚恳大方、善良正直、乐于助人、尊重他人人格，

而不应该冷淡、虚伪、自私、不讲良心、不讲人道，甚至见死不救。对朋友要讲信用、言必信、行必果、说老实话、做老实事，而不是不讲信用、说假话、当面一套、背后又是一套。办事要实事求是，坚持原则，有错必改，不浮夸、不投机取巧、不吹牛拍马、不掩饰和狡辩、不推卸责任。

十二、教化艺术的掌握

教化就是指孩子怎样在成人的教育引导下，逐步从一个无知的自然人转变为能独立谋生为社会作贡献的社会人的过程，又可称之为社会化过程。家长对孩子进行教育引导并非是一件轻而易举的事情，而是一门深奥而高超的艺术。由于少男少女独立性的发展，他们对各种事物已有自己的看法，而且不容易接受他人的意见。这就要求家长在疏导孩子时更要注意掌握教化孩子的艺术。

1. 正视孩子已长大的现实。许多家长在教育孩子的过程中，孩子有时不容易听取家长的规劝，甚至产生对立情绪、逆反心理。主要原因之一是家长不能正视孩子长大成人的现实。他们仍然像过去对待 3 岁小孩那样，采取过分保护和关照的办法，对于孩子做什么事都不放心、不放手，总是顾虑重重，怕这怕那地束缚孩子的手脚，不让孩子离开家长三步远，一切都由家长包办。这样便伤害了孩子的自尊心和独立人格，引起孩子的不满。尽管家长说千道万这是为了孩子好，但是孩子无论如何都不能接受。因为这时候的孩子对于独立自主的需求最强烈，而且成为他占主导地位的需求。这与家长仍然把他看成是一个不懂事的孩子的态度和做法是完全相对立的。因此，对于青春期孩子的教化，家长首先必须承认孩子已经是个懂事的大人，用对待成人的这种态度来和他平等相待，把他看成是家庭中不可缺少的重要成员之一。在一些重大问题上特别是与孩子有密切关系的事情上，要听取和尊重孩子的意见。对于他的行为在事前作必要的指导，但不要过多地进行约束和干预，要多采用鼓励和信任的态度，让他在自己的行为活动过程中养成良好的社会责任心，提高其社会责任的能力。

2. 不要为孩子的情绪所左右。青春期孩子的一个重要特征就是情绪容易激动，而且一旦暴发却难以控制。如果家长也受到孩子情绪的影响而激怒，则可能会加剧事态的矛盾和激化，带来不良后果。因此，当孩子在某种情境下暴发激情时，家长应持冷静的态度，采取“冷处理”政策，切勿被孩子的情绪所左右。例如，家长持沉默态度，不动声色，尽量让孩子的不满情绪得到发泄，待孩子的心理逐步恢复平衡之后再论是非，或者在孩子暴发情绪时，家长心平气和地提醒孩子，让他懂得激情行为将可能带来的严重不良后果，或者是把孩子的注意力转移到别的事物上去，或者是让孩子暂时离开诱发激情的事物和人。这样就可以使孩子在情绪恢复平静之后，能比较客观地、理智地认识和处理有关问题，防止意外事情的发生。

3. 要善于耐心倾听孩子的意见。家长和孩子在对家庭生活中的事情或对社会现象的看法方面，由于两代人之间的价值观念不同，意见分歧是难免的。在一般情况下，家长习惯于权威式的处理问题，往往不能耐心地倾听孩子的意见。他们错误地认为，这样做会失去家长的尊严和威信，使孩子不听大人的意见。其实，恰恰相反，让孩子充分发表自己的意见，可以更好地提高家长的威信。不让孩子有说话、发表意见的权利，才会降低家长的教育权威，而且还会挫伤孩子的积极性，不利于培养孩子关心家庭和他人的责任心和自主性、独立性。所以，在孩子对某些问题的处理有不同意见时，哪怕是非常明显的错误见解，家长也要让他把话说完并耐心倾听，然后再通过平等的讨论，分清是非。这样，既可以发展孩子的独立自主精神，提高孩子分析问题和解决问题的能力，又有利于形成民主和睦的家庭关系，加强家庭成员之间的亲情关系和凝聚力，提高家长在孩子心目中的威信。

4. 不把自己的意见强加给孩子。随着孩子独立性的发展，他们对于家庭和社会方面的种种事物都会采取审视的态度，提出自己的不同看法。这是一种进步和成熟的表现。青少年对新事物比较敏感并容易接受。但是，由于他们的认知水平还不很高，发展不完善，对一些事物的认识和处理容易出现偏激情绪、走极端。家长的社会经验较丰富，但是对一些新事物往往持过于慎重保守的态度。在这种情况下，家长与孩子之间可能会出现各持己见、互不相让的局面。在出现这种僵局时，家长一定不能以势压人、以权压人，必须以理服人，通过论理而不能统一认识时，除了一些可能出现重大的严重的后果问题之外，在一般情况下，应该允许孩子保留自己的看法。让他有充分的时间去学习和思考，甚至去实践，用“自然后果”法让孩了从中得到教训，提高认识。学会用民主的方法、讨论的方法去处理问题，加强对家长的信任感。相反地，如果家长把自己的意见强加给孩子，孩子则可能“压而不服”或“口服心不服”。这样下去，一方面会将“家长专制”的思想传递给孩子，甚至“代代相传”。当孩子在与他人有意见分歧时，又可能用“强加于人”的办法去处理一些有分歧的问题。另一方面还会压抑孩子的独立思考和创造精神，形成“奴隶主义”的性格或者形成当着家长的面是一套，背着家长的面又是一套的两面人格。

5. 对孩子的无意过失要耐心帮助。青春期孩子的求知探索精神比较强烈，什么事情都想自己亲自去实践和尝试。但是，由于知识和经验的不足，能力的限制，在实践活动过程中有可能会不自觉地出现一些过失。这些过失并不是孩子愿意看到或有意造成的。当他们一旦发现自己的过失时，一般都会感到内疚、难过，甚至痛苦，而且还会产生一种害怕、恐惧家长给予批评惩罚的心理。如果属于这种情况，家长就不要再去责难孩子的不是，更不要用讽刺挖苦的办法来对待孩子。否则会使孩子心里更加难过。正确的方法是：一方面对孩子表示理解和安慰，肯定其勇于实践和探索的精神，以减轻其因过失所带来的心理压力；另一方面要心平气和地和孩子共同分析研究造成过失的原因以及如何从中吸取

教训，防止以后再发生类似的问题。如果孩子对于无意过失还没有发现或还不认识时，家长也要耐心地对待孩子，用客观事实和效果来帮助孩子识别过失之所在，找到导致过失的原因，提出相应的对策。

6. 要维护孩子的自尊心。青春期孩子随着自我意识的发展，自尊心特别强。因此，他们对于别人的一句话、一个动作、一个表情都十分敏感。在别人毫不在意的一些事情，他却可能认为是与自己的自尊心有关的大事而铭记在心。特别是那些生理上有某种缺陷或性格上比较内倾、孤僻、抑郁的孩子尤为严重，总是怕别人讥笑他的缺陷、说他的毛病。哪怕是脸上多长了几颗青春痘都怕别人笑话自己。这是因为他们特别关心自己的容貌和体态是否具有魅力，能否得到异性的喜欢。此外，他们十分注重自己在集体中的地位和作用，关注别人是如何评价自己的。所以他们对自己的人格尊严也特别关心和重视。因此，家长在和孩子交谈或和孩子一起去探亲访友或参加某些活动时，要特别重视保护孩子的自尊心。对于孩子生理上的一些毛病不要总是抱着惋惜心理或采取嫌弃态度，也不要去和别的孩子相比，不然就会伤害孩子的自尊心。当孩子处理一些事情出了某些过失或人格发展方面有什么不足之处时，家长不要在别人面前或当众讲孩子的不足。有些孩子在受到家长的同事们夸奖时，有的家长为了表示“谦虚”和“怕孩子产生骄傲情绪”，总是要找到孩子的所谓不足说说，或者是将孩子最怕别人说而自已又不愿意说的事情（所谓孩子的隐私）公布于众。这样做，家长自认为很得意，实质上却伤害了孩子的人格尊严。有的家长发现孩子有什么错误时，沉不住气，不管面前有谁在，马上就对孩子严加训斥和批评，这是不好的。家长们一定要把孩子当大人看，尊重孩子的自尊心和人格尊严，不要轻意地揭孩子的短处，更不要在别人或众人面前说孩子的不是或教训孩子。

7. 及时交换信息，促进相互理解。在现实生活中，家长是社会的代表。他们执行着社会所赋予教化孩子的神圣职责，让孩子能在社会常规中生活和行动，保持和维护社会的安定和发展。孩子是社会新生力量的代表，肩负着创造新事物的重任。因此，他们对于现成的社会规范和权威会提出种种批评甚至反抗。这样就形成了一种家长与子女之间的守旧与创新的矛盾格局。反映在家庭生活中，就是人们常说的“代沟”。生长在不同时代，具有不同价值体系的家长与子女之间，生活在一个屋子里要想没有一些矛盾是非常困难的。如果一方的语言稍有不妥就可能导致矛盾的发生。在这种情况下，其结局或者是一方屈服于另一方，或者是表面上的妥协，实质上的欺骗。矛盾的产生和发展都有一个由小到大、由量变到质变的过程。为了使矛盾的发生减少到最低限度，或使矛盾不至于激化，父母与子女之间必须经常、及时地相互交换信息，毫不隐瞒地把自已的看法和主张开诚布公地谈出来，尽量做到相互理解。在不能取得一致看法时应求大同、存小异。这样就可以防止矛盾的发生或激化，避免导致孩子形成“教育的意义障碍”或出现行为偏异。常言说“千里之堤，溃于蚁穴”。如果家长与子女之间不能及时交流彼此的信息，消除一些误会，把矛盾消除在萌芽状态中，矛盾就会由小变大，彼此间都可能会形成一种心理成见并难以消除，这对于引导孩子安全地度过青春期是极为不利的。

8. 不要总是唠叨孩子的过失。少男少女是从幼稚到成熟的过渡阶段。这说明了孩子一方面不可能不犯错误、没有过失，就是成年人也莫不如此。常言说：“人非圣贤，孰能无过。”这就要求家长应该允许孩子犯错误。当然不是要孩子故意去犯错误。另一方面是孩子的认识、情感和个性还不稳定，而是处在不断的变动之中。这就可能导致孩子说的和做的不一样，或者今天说的和昨天说的不一样。这和孩子有意识地撒谎和说假话是不同的。少男少女还有一个重要特点就是自尊心特别强，这个问题在前面已经说过。由于自尊心强，他们就不喜欢别人说自己的不是，更不愿意别人把他的缺点、错误挂在嘴边上说个不停。但是，不少家长不了解青春期孩子的这些特点，对于孩子在学习生活过程中出现的言行不一致或过失行为常常百思不解，甚至恼火，因而指责孩子说：“你的话到底能相信多少?”“昨天你非要那样坚持不可，而今天却又是另一个样子，你为什么说话不算话呢？叫人怎么能相信你呢?”在许多情况下，家长是以自己完全成熟的水平和成年人的行为标准来衡量少男少女。事实上，少男少女的行为是不能完全用成人行为的标尺来衡量的。正如前面所说，他们仍处在不断的成长变化过程中。相反，如果孩

子长期无变化，这倒可能是不正常的现象。为什么家长总认为少男少女的行为不可理解呢？这是因为少男少女的变化不符合父母所认定的常理和框架。在青春期之前的孩子是“听话道德”阶段。他的变化是一个台阶一个台阶地按照父母所认定的模式向前发展的。家长自然可以预见到孩子将会如何变化，而不会感到困惑。但是，孩子到了青春期后的变化则使家长感到不可捉摸、无法猜测了，认为孩子是故意跟父母作对似的。这是因为孩子已发展到“平等独立”的道德阶段。它要努力冲破过去已经形成的行为模式和价值观念而创立自己所真正认可的行为模式与价值观念。正如日本心理学家品川孝子所说：“他们虽然在破坏、瓦解，但他们是为了迈向新的一个完整的人才在拼命地挣扎，以重新建立新的自我。孩子那种莽撞不和气的说话态度、好似生气的口吻中，藏有专心一意的热忱。乍见之下状似疯狂的行动背后，我们可以感到他们在鞭策自己迈向更高度人格的影子。”① 可见，现代家长应清醒地认识到：家长认为是孩子的错误，不一定真的是错误，而可能是发展过程中的一种正常现象。即使是孩子的错误，也应该能理解，给予正确的引导，而不要总是唠唠叨叨。否则，只会挫伤孩子的积极性和创造性，使孩子成为一个前怕狼，后怕虎，缺乏勇气的懦夫。相反，采用一种平静、理解、非批评的对待错误的态度，将会创造出一种充满安全的气氛，使孩子成为新生活的创造者。

9．批评孩子的缺点应该具有建设性。望子成龙的家长多半都是看孩子的缺点多、优点少。总认为好是应该的，不好是不能原谅的。因此，家长成天用眼睛盯着孩子的缺点，今天指责这不是，明天又说那不好。既不耐心帮助孩子分析产生问题的原因，也不诚恳地给孩子提出建设性意见，使孩子感到无所适从，而且会形成自己在父母眼中好像是一无是处的感觉。这对于孩子健康人格的发展是极为不利的。家长批评孩

① 〔日〕品川孝子：《反抗期心理学》，〔台〕王家出版社，1983年版，第83～84页。

子的缺点应该是建设性的。①首先应该有正确的态度。在许多情况下，提意见的态度和方法比提意见的内容更为重要。如果态度和方法不对，再好的内容孩子也不易接受。正确的态度，一是不要自以为是、盛气凌人，要以商量的口吻交谈；二是先肯定孩子好的表现，看到其行为所蕴含的积极因素，然后才指出不足之处。这样就可以保护孩子的积极性，稳定孩子的情绪，孩子也较容易接受批评，不致使孩子产生一种泄气思想或逆反心理。有的家长由于有急躁情绪，便直截了当地批评孩子的缺点并加以训斥。这种消极性批评会导致孩子对自己失去信心或形成恐惧心理。②批评必须把人和事分开，即批评应针对孩子的某一行为活动，而不是针对孩子本身。这样才能使孩子对于行为有一个正确的认识。有了正确的认识，养成了良好的行为习惯，一个人自然也就会健康发展。相反，老是批评孩子，则容易使孩子在情感上与父母造成隔阂，认为家长不喜欢自己，讨厌自己，而对于行为本身的性质却没有充分认识，更没有留下深刻的印象。因此也就难于改正了。③批评必须具有对策性，即不仅使孩子知道错在哪里，为什么会错，而且还要让孩子知道怎样才不会错，必要时还要给予行为方法上的具体指导。这样才能使孩子能“吃一堑长一智”，在错误和挫折之后变得更加聪明，不断提高自己适应社会的能力，明确自己的努力方向。④批评应以事实为据并与事实相符，适时适度，这样才能使孩子心服口服。相反，凭印象出发、以猜疑为根据，言过其词、夸大事实会引起孩子的反感，反而达不到教育引导的效果。批评要及时，事情过了很久之后，印象可能淡薄或有些事实记忆不准确，在这种情况下的批评没有事后马上批评的效果好。⑤对孩子的批评应该是因势利导、掌握时机、对症下药，不要凭家长自己的情绪，不考虑孩子的心理状态而盲目行事。家长对于孩子的错误也可以从积极方面去理解，从希望、期望的角度去表现家长的要求，其本身就包含有指出缺点的意思在内。例如，“你比过去有了进步。你下周肯定会比现在更好。”这样，就把批评寓于希望、鼓励之中，可以取得满意的

效果。

10. 要选择孩子有兴趣的话题。常言说："酒逢知己千杯少，话不投机半句多。"虽然这是指成人朋友之间的交往，但是，对于家庭教育来说，还是有启发的。它告诉家长，要建立良好的家庭关系，关键在于父母与子女之间的认识能否接近，情感是否融洽。这个问题的解决又有赖于平常家长与子女之间能否建立一种亲密的关系、和谐的心理气氛。为此，家长就要有意识地观察孩子的生活，发现孩子的兴趣爱好之所在，平时所关心的事物。在这个基础上，家长就可以投其所好地和孩子谈论有关话题，使孩子觉得家长是自己的知音和朋友。孩子有了这种心理基础就会喜欢和家长交谈，能较好地接受家长的意见和要求并付诸行动。如果家长不懂得孩子的这种心理，平时交谈就可能没有共同语言，出现"话不投机半句多"的局面，而影响教育效果。

十三、家长要积极与学校老师配合

少男少女的教育管理工作，实际上是一个系统工程，仅仅靠家长自身的力量是无法搞好的。它必须有优化的社会环境的熏陶和科学的学校教育相配合。社会教育对于家长来说是无能为力的、被动的，而学校教育则是家长可以积极参与的。因此，家长在对少男少女进行教育引导时，特别要充分利用学校老师的力量，积极与学校老师配合。

1. 要正确地认识家庭与学校、家长与老师在教育孩子中各自所承担的重要职能。在教育孩子的目标上，家长与老师都是一致的，都是为了让孩子成为一个优秀的社会成员。但是，由于家庭与学校本身的性质不同，在教育孩子的主要功能方面也有所区别。家长主要是通过日常生活的各项活动，以言传身教的方式教育孩子学会如何做人，懂得有关的社会生活常识和技能，而孩子的文化科学知识的学习则不是家长应承担的主要责任。老师则主要是通过课堂内外的教育，向孩子传授系统的全面的文化科学（包括自然科学、社会科学和人体科学）知识，掌握自然和社会的客观规律，形成认识和改造客观世界的能力，掌握各种劳动技能。学生思想品德和个性的教育虽然也很重要，但是，从时间分配上讲，它毕竟处于次要地位。不然就不成其为学校了。即使是学校中单独进行的思想品德和个性教育，也不是孤立地进行的。这必须渗透在各种教学活动中与教学结合起来。把“教书”与“育人”孤立地分离开来的看法，实质上是不懂得教学的客观规律的表现，是极“左”思想的另一种表现形式。我们这样分析，丝毫也不是说学校老师不要管孩子的思想品德和个性教育，而是说要把思想政治教育科学化。作为家长来说，则是要明确自己的主要职责不是负责孩子的文化科学知识学习，而主要是指导孩子如何做人，养成良好的行为习惯和人格特质。指导孩子进行文化科学知识的学习仅仅是配合学校教师的教学，而不应该喧宾夺主。当前家庭教育中重智轻德的突出问题就是许多家长没有明确自己在教育孩子中的主要职责，导致孩子在思想上出现一些混乱，行为上产生一些偏离，学习上遇到一些困难而未能很好解决。如果家长放弃了孩子做人的教育，专门抓文化学习，则是本末倒置，最终有可能使孩子在做人和文化学习上都达不到应有的要求，使家长感到失望。

2. 要经常主动地与学校老师沟通信息。沟通信息的目的是要使家长与老师能采取一致的态度和方法去教育引导孩子。但是，有的家长认为，孩子上了学校自己就没有什么事了，或者认为自己没有办法管理而放弃自己的责任。这是一种推托责任的做法。事实上，孩子上学之后更需要家长主动积极与学校配合。这是因为，一方面孩子在家庭与学校的表现可能不一样。例如，有的孩子在学校非常爱劳动、肯吃苦、不怕脏、不怕累，可是回到家里却是另一个人，什么事都不愿意干，而且还要家长来服侍自己的生活。或者是有的孩子在家里表现十分老实，遵纪守法，听从父母的教育，但是在学校或社会上却惹是生非、扰乱秩序、伤害他人等。孩子的这些表现说明他有双重人格的倾向。对这一类孩子，就需要家长与老师双方积极配合，共同努力纠正孩子的不良人格倾向。另一方面，家长和老师都不是神仙，所做的工作都不可能是十全十美的，特别是教育少男少女的问题更是如此。所以，家长在教育孩子的过程中所出现的问题可能会反映到学校生活中去为老师所了解，而家长自身并不了解。相反，老师在学校中教育学生或处理问题时所出现的问题则不一定都能在学校中反映出来，老师也不一定能及时发现。但是，这些问题则可能通过学生在家庭生活中表现出来，为家长所了解。例如，学生对老师的一些意见和看法，特别是老师处理某些问题时学生认为不公正的反映，一般都可以在家庭中了解到。在这种情况下，则需要家长与老师把自己所了解到的情况及时向对方通报，以便及时发现问题，改进教育工作。家长在与老师沟通情况时，有几个问题需要注意：①如果是属于自己孩子的问题，家长要防止感情用事，不能轻信自己孩子的片面之词去指责老师的不是。②要积极参加学校老师组织的家长会议。目前中小学都比较重视与家长取得联系或者采用书信形式或者定期不定期地召开家长会议，通报学校和学生中的情况，或听取家长对学校有关问题的决策的意见。不论是哪一种形式，家长都应积极配合。如果属书面的形式，则可以书面形式回话。若是座谈会，家长必须积极参加。这不仅是家长的权利，也是家长的义务和责任。只有家长与老师积极配合，才有可能比较全面地了解孩子的情况，有针对性地实施合理的教育。

3. 要正确地对待老师的家访。老师进行家访是与家长沟通的一种重要形式。它在双方配合教育孩子方面属于最好的一种形式。因为一是在家访中可以不受文字的限制，能够比较全面系统地介绍孩子的情况；二是不受空间和时间的限制，老师与家长之间可以及时地交换意见和看法，或共同讨论某些问题；三是可以增进家长与老师之间的相互理解和情感，消除可能产生的一些误会，加强彼此的向心力，有利于新的友谊的建立与发展。所以，正确地认识和对待老师的家访，对于少男少女安全地度过“危险期”是极为重要的。但是，在现实生活中有的老师未正确地认识家访，把家访变为单纯地向家长告状的形式。这样就使一些家长也形成了一种错误的印象：老师家访就是来向家长告状的。这样就会给家访工作带来一些障碍：①家长和孩子可能产生一些消极的态度。对孩子要求不严的家长在这种心理状态下对老师的家访自然会抱冷淡的态度，孩子则会以敌视的态度来对待老师的家访。②缺乏教育修养的家长还可能在老师离开以后把孩子痛打一顿，以示惩罚。这是与家访的宗旨相违背的。家长正确的态度是，不管老师能否全面介绍孩子的情况，家长都应热情地接待老师，耐心倾听老师介绍的情况。如果家长对老师介绍的情况感到不真实或有疑虑，可以建议老师再作全面深入的了解。如果家长对老师的处理意见有不同的看法，可以商量的口吻提出来讨论，绝不能怠慢老师或等老师走了之后在孩子面前对老师说三道四。家长应该认识到，所有来家访的老师都是真心希望孩子好的。如果没有这个出发点，老师也就不会来家访了。③还有一种家长是对老师家访中所提到的问题不仅不能积极配合加以解决，相反的还千方百计为孩子的缺点错误辩解，包庇孩子的过失，认为反映了孩子的真实情况会加重孩子的过错，孩子会受到更为严重的惩罚。这种做法实质上是纵容孩子的过失，并不能使孩子从中得到教育。④还有一种家长是不愿意把孩子在家里的真实情况和问题告诉老师，认为老师知道孩子的问题后，会对孩子产生不好的印象，影响孩子自尊心的发展，而想靠家长自身的力量去解决问题。缺乏学校老师的积极配合和监督管理，只靠家长的努力不但不能解决问题，相反的会让孩子钻了空子，认为家长是不会告诉老师的。因此，有可能更加放肆地去干他想干的事情。只有明确了家访的宗旨，端正了对老师家访的态度，才有可能真正配合老师教育好孩子。